CÓMO
METER
TODA
LA ANTIGUA
GRECIA
EN UN
ELEVADOR

TEODORO PAPAKOSTAS

CÓMO METER TODA LA ANTIGUA GRECIA EN UN ELEVADOR

CONECTAR CON LA ANTIGÜEDAD PARA RECONECTAR CONTIGO

TRADUCCIÓN DE INMACULADA MEDINA LAPEÑA

Obra editada en colaboración con Editorial Planeta – España

Título original: *Χωράει όλη η αρχαιότητα στο ασανσέρ,*
de Teodoro Papakostas
Originalmente publicado en Grecia por Key Books, 2021.
Esta edición se ha publicado por acuerdo con Ersilia Literary Agency a través de
International Editors and Yañez' Co.

Primera edición impresa en España: septiembre de 2023
ISBN: 978-84-493-4133-5

Primera edición impresa en México: noviembre de 2023
ISBN: 978-607-569-597-6

Impreso en los talleres de Impregráfica Digital, S.A. de C.V.
Av. Coyoacán 100-D, Valle Norte, Benito Juárez
Ciudad de México, C.P. 03103
Impreso en México – *Printed in Mexico*

ÍNDICE

PRÓLOGO DEL PROFESOR DIMITRIS PLANTZOS

La Antigüedad no cabe en un elevador; sin embargo, cabe en nuestra imaginación.

Puede que la ciencia de la arqueología sea hija de la modernidad, pero la necesidad del hombre de imaginar el pasado parece ser innata. La arqueología surge como disciplina en el siglo XIX, envuelta en un aire de esterilización y seriedad: una especie de Filología, pero de campo.

Lo que viene a continuación es de sobra conocido: el escolasticismo, los juicios encubiertos y oscuros, el secretismo y la búsqueda de tesoros. Más reciente es la narrativa nacional de griegos, egipcios, chinos, tailandeses, turcos y mexicanos. La nación —toda nación— extrajo de la arqueología las pruebas tangibles de su época antigua, además de su fama e historia, en el mismo momento en el que la cultura popular penetraba con fuerza para internacionalizar el sueño de los amantes de la Antigüedad y seducir a sus hierofantes. Cuando el siglo XX estaba a punto de expirar, mientras Indiana Jones se encontraba en secreto con Lara Croft, en Grecia vivíamos nuestro propio «síndrome de Vergina», deslumbrados por el espectro de una antigüedad que —paradójicamente— seguía estando viva.

Con su libro, Teodoro Papakostas nos ayuda a realizar lo que no nos hemos atrevido a hacer hasta ahora: acercar la arqueología de los «especialistas» —como experto con una amplia carrera en su campo— a la de la cultura popular y a sus adeptos. No duda en burlarse de nuestro pasado y del papel que permitimos que este desempeñe en nuestras vidas. Cuando le es necesario tampoco teme jugar con la ciencia de la arqueología y nos invita a imitarlo de una manera rebelde, desenfadada y desvinculada de la tradición científica.

Como un alegre cuentacuentos, enfundado en el traje de un *Archaeostoryteller* —una especie de contador de historias arqueológicas—, nuestro autor regresa a la Antigüedad desde los pupitres escolares y universitarios; con conocimiento, perspicacia y una actitud desenfadada, explica y enseña sin perder el sentido del humor. Y, de repente, el espectro de la Antigüedad —de la griega y de la universal— se vuelve un poco más amable para el lector no familiarizado con ella, e incluso para nosotros los «expertos».

La Antigüedad del *Archaeostoryteller* no cabe en un elevador, pero sí en nuestra imaginación y en nuestros corazones.

DIMITRIS PLANTZOS

Enero de 2021

NOTA DEL AUTOR

> El tiempo es un niño que juega a los dados.
> De un niño es el reino.
>
> HERÁCLITO

Este libro tiene un doble propósito: por una parte, pretende introducir al público de una manera agradable, sencilla y divertida en la Antigüedad griega, sin que se precise tener ningún tipo de conocimiento especial, y, por otra, responder a preguntas comunes sobre la ciencia de la arqueología, que tan cerca está de nosotros y que, sin embargo, todavía hoy continúa siendo una gran desconocida para muchos. El libro surgió a partir de un programa de posgrado en comunicación científica denominado *Archaeostoryteller*, que se llevó a cabo en las redes sociales. En arqueología, la divulgación científica intenta transferir la información científica de los expertos en la materia a su destinatario natural, a un público en general cultivado. A través de este libro, que recorre toda la Antigüedad griega, realizaremos un viaje desde la prehistoria hasta la época comúnmente definida como el fin del mundo antiguo, sin utilizar ni la terminología especializada ni el discurso científico habituales que pueden llegar a desanimar al lector. Cuando lo acabe, el lector conocerá los grandes periodos de la Antigüedad griega y sus principales características; tendrá una visión y comprensión completa de esa Antigüedad, y, además, podrá situar en un contexto ya conocido cualquier información nueva que obtenga sobre ella.

Nuestro relato sigue el orden cronológico de los periodos de la Antigüedad, pero se van intercalando también las respuestas a las preguntas más frecuentes sobre la ciencia de la arqueología que fui recogiendo mientras hablaba con las personas que seguían mi proyecto *Archaeostoryteller* en las redes sociales.

La mera selección de los distintos periodos de la Antigüedad puede ser una tarea complicada. En este caso nos hemos decantado por los periodos comúnmente aceptados, que corresponden a los doce capítulos del libro, ¡tantos como dioses olímpicos! En estas páginas nos preguntamos cómo meter toda la antigua Grecia en un elevador. Dejaré que sea el lector quien decida si es posible. Lo que puedo asegurar es que me resultó tremendamente doloroso decidir qué partes debía o no incluir y en cuáles debía centrarme. Si la Antigüedad griega prácticamente no cabe en este libro... ¿cómo va a caber en un elevador? Pero posiblemente su esencia sí quepa en un elevador y en un libro, y, sobre todo, en nuestra mente, de modo que la tengamos siempre presente. Estoy seguro de que algún lector comentará: «Sí, pero no comentaste nada de esto, lo otro y lo de más allá». De antemano digo que realmente era imposible contarlo todo, como bien sabemos. Por lo que cada vez que un lector me haga un comentario parecido, ¡lo remitiré a esta página!

Quiero dar las gracias a todos mis compañeros de la Dirección de Antigüedades de Kilkís donde me encontraba trabajando mientras escribí este libro. En especial quisiera dar las gracias a la directora, Georgia Stratouli, a mi superior, Nektarios Poulakakis, así como a Maria Farmaki, Stamatis Hatzitoulousis y a Magda Parcharidou. También doy las gracias a mis antiguos compañeros del Museo Arqueológico de Tesalónica, donde trabajé como arqueólogo y donde tanto aprendí, a todos los compañeros con los que he trabajado de los distintos departamentos de toda Grecia, del Museo Arqueológico Nacional, de la Dirección del Pireo y de las Islas, de Creta, de Etolia-Acarnania, de Laconia, de Préveza, de Abdera, etc., que me apoyaron de manera incondicional como *Archaeostoryteller,* y a los arqueólogos universitarios, que me han mostrado su aprecio y que siempre me invitaron a sus clases: Eurídice Kefalidou y Marlen Mouliou de la Universidad de Atenas, Alexandra Alexandridou y Cleopatra Kazariou de la Universidad de Ioannina, así como a Stavros Vlizos de la Universidad Jónica. También quiero dar las gracias a mis compañeros en general (imposible nombrarlos a todos, lo cual me entristece), pertenecieran o no al Servicio de Arqueología, que han compartido sus comentarios positivos y me han apoyado a lo largo de los años del proyecto *Archaeostoryteller.* Es hermoso que tus colegas te presten su apoyo y te alaben. Espero que todos sean conscientes del bien que me han hecho. Gracias a Vasiliki Pliátsika y Kostas Paschalidis, cuyo conocimiento y amistad comenzaron ¡a través de una discusión en línea! Gracias a Tasos Bekiaris, que me ayudó con sus profundos y envidiables conocimientos de prehistoria. Gracias a Stiliana Galiniki y Tasoula Dimoula por los cafés, las discusiones y su apoyo infinito. Gracias a Vasilis Dimou, que me acompaña desde el siglo pasado, cuando éramos compañeros de estudios en la Vieja Albión, y que leyó todo el libro: ¡me ayudó mucho! Aún recuerdo haber enviado la primera versión del texto, que entonces no era un diálogo sino mi propio monólogo, a Dimitris Plantzos, profesor de Arqueología Clásica de la Universidad de Atenas, que tuvo la brillante idea de decirme: «¿Por qué no lo escribes en forma de diálogo?». ¡Y así se hizo! Por eso, por todas sus críticas constructivas y por su apoyo desde los primeros pasos de *Archaeostoryteller* le estoy profundamente agradecido. Su contribución ha sido inestimable. Es más, afirmo que cualquier error y fallo que pueda haber es todo mío y en ningún caso es atribuible a las personas que me aconsejaron. Y sí, gracias a ti también, mamá. Y a ti, tía.

Gracias a todo el equipo de TEDx Athens por creer en mí antes de que fuera consciente de lo que estaba pasando. Gracias (ánimo, ya casi termino) también a Ioannis, Georgos, Villi, Dimitris, Eva, Lazaros, Eleni, Christos, Christina, Georgos, Alexandros, Sofía y a Jerry.

Para terminar, quiero dar las gracias a mi agente, Evangelia Avloniti, que creyó en mí desde el principio, me apoyó y continúa haciéndolo. También quiero expresar mi admiración y gratitud al maravilloso equipo de Key Books, que ha dado lo mejor de sí mismo y ha creído en este libro y en su filosofía. Y, por supuesto, no puedo olvidar a Liana Stefani, antigua directora del Museo Arqueológico de Tesalónica, que nos dejó prematuramente una víspera de Nochebuena. Desde el año 2007, cuando la conocí, hasta 2019, estuvo a mi lado como amiga y como ejemplo de conducta científica y deontológica. Cuando comencé este proyecto de difusión de la arqueología, publiqué mi trabajo simplemente como Teodoro Papakostas. Fue Liana quien me dijo: «Búscate un pseudónimo. Será mejor». Y tenía razón. Así encontré el de *Archaeostoryteller*.

NOTA DE LA TRADUCTORA

La transcripción de nombres propios griegos es un problema difícil, todavía no resuelto, que el traductor debe resolver cada vez que se enfrenta a un texto escrito en griego moderno. En este libro alternan nombres que cuentan con una arraigada tradición clásica en lengua española, con nombres griegos más recientes que carecen de dicha tradición. Así, en el caso de los nombres antiguos se han seguido en general las normas propuestas por M. Fernández Galiano (*La transcripción castellana de los nombres propios griegos*, Sociedad Española de Estudios Clásicos, Madrid, 1969), mientras que para los nombres modernos, al tratarse en su mayoría de topónimos sin una equivalencia clara en español, se ha optado por mantener la transcripción que los propios griegos suelen realizar en la actualidad para facilitar al lector la localización geográfica de esos lugares.

INTRODUCCIÓN

Estábamos de pie uno frente al otro, dos extraños en un elevador. De repente me miró, abrió los ojos como platos y gritó con entusiasmo: «¡Todo fluye!».

Soy consciente de que la situación en sí misma resulta un poco surrealista, sobre todo porque este tipo de frases no suelen pronunciarse entre extraños, ¡y mucho menos en un elevador!

Todo comenzó de forma inesperada, con un fortuito percance: ¡nos habíamos quedado encerrados en un elevador!

No había motivos para ponerse nervioso. El elevador era amplio, moderno y acristalado, uno de esos magníficos elevadores que solo se ven en los centros comerciales, de esos en los que cuando entras y comienzas a subir te invade una alegría propia de un niño, pero que te la aguantas porque, claro, ya eres un adulto.

A través de sus paredes de cristal se podía ver el atrio del centro comercial. El sol se colaba entre los ficus y los helechos de las jardineras. Por las bocinas sonaban de fondo los últimos éxitos de la música griega del momento. Y, como ya mencioné, no estaba solo, tenía compañía. Adelante de mí había un tipo en el que ni siquiera me había fijado al entrar. Se quedó mirándome con una expresión tranquila, pero también de cierta perplejidad. Tras intercambiar unas palabras, decidimos llamar al servicio técnico para pedir ayuda.

Después no había mucho más que hacer, así que, para matar el tiempo, nos pusimos a hablar. Nos presentamos y me preguntó a qué me dedicaba.

—Soy arqueólogo.

—Guau, conque arqueólogo, ¿eh? ¡Pues qué bien! De pequeño yo también quería ser arqueólogo... pero no me acuerdo de casi nada de la Antigüedad... Solo un poco sobre Pericles, Sócrates y los dioses del Olimpo. Ah, bueno, aún recuerdo esa frase que decían los antiguos griegos... A ver, cómo era... —Se llevó pensativo la mano a la mejilla—. «¡Todo fluye!» —exclamó con una sonrisa de satisfacción.

—En realidad, no la «decían» los antiguos griegos... Es una sentencia de un antiguo filósofo llamado Heráclito. Y, para ser preciso, no la dijo exactamente así. Fue Platón quien resumió de este modo la filosofía de Heráclito. Pero, aun así, es verdad que es una frase muy bonita, además de muy sabia.

Me echó una mirada de esas en las que uno se pregunta si el tipo de enfrente está loco o simplemente es un friki. Sea como fuere, decidió no insistir demasiado, seguramente para evitar una situación incómoda, así que acabó diciendo:

—Qué cosas tan bonitas decían los griegos antiguos, ¿verdad? Todo sabiduría.

—Bueno, bueno, no era todo sabiduría. Simplemente hay muchas frases célebres que han pasado a la historia.

—¿Cuál es tu favorita?

—Mmm... Creo que no tengo ninguna favorita. Pero hay una de Heráclito que siempre me ha llamado la atención.

—¿El que dijo lo de «todo fluye»?

—Sí, ese. Tenía otra frase famosa que decía: «Homero merecía que lo expulsaran de los certámenes y que lo apalearan, y Arquíloco, otro tanto».

—Ahhh. Bien, se debió quedar a gusto...Y esperas que lo entienda, ¿no?

Me pareció normal que no lo comprendiera, así que decidí explicárselo:

—Quiere decir que a Homero había que descalificarlo en los certámenes de poesía y darle una buena tunda y a Arquíloco lo mismo.

—¿Eso es todo? Pero ¿qué tonterías decía ese filósofo? —Sus ojos mostraban interés.

—No era ninguna tontería.

—No sé. ¡Desde luego no es una frase para tatuártela! Y yo que pensaba que me vendrías con que había dicho algo «sabio».

—Nos muestra una perspectiva diferente. Se refería a que las personas ilustres, los famosos y demás celebridades no siempre son merecedores de nuestro respeto solo porque así nos lo hayan enseñado nuestros padres y abuelos. —Supuse que en ese momento se interrumpiría nuestra conversación.

—Entonces, ¿Homero no merece nuestro respeto? Eso es lo que intenta decirnos, ¿no? ¡Vaya ridiculez!

Podría no haber respondido, pero cuando veo que los demás tienen una opinión distinta a la mía, algo me carcome por dentro y siento una necesidad imperiosa de hablar de mi trabajo y mi ciencia. Me pico y, claro, después tengo que rascarme esa extraña comezón (que no se me olvide comentarle esto a mi psicoterapeuta).

—Lo que dice el «tipo en cuestión» es relevante. Yo solo te estoy dando una interpretación. Heráclito opinaba que en las personas ilustres no todo es digno de admiración, ni tampoco de alabanza. Tampoco debemos venerar sin ningún tipo de criterio el legado de nuestros antepasados griegos por el simple hecho de que así nos lo hayan enseñado. A grandes rasgos se trata de una declaración contra los grandes nombres de la historia. Heráclito se atrevió a expresar una opinión distinta y a cuestionar incluso al más grande de todos los poetas griegos, tal vez incluso del mundo.

—Está bieeen. —Levantó las cejas con un aire de desconfianza—.

Aunque, mira, Homero sé quién es, pero de ese tal Arquíloco ni idea, ¿quién era?

—Arquíloco era un poeta lírico que escribía poesía erótica.

—¿Poemitas románticos de esos de amoríos? —Sonrió.

—No, no eran sentimentales, sino eróticos. Poesía erótica de la de verdad. —En ese momento su mirada cambió. Continué—: Desgraciadamente, no conservamos ninguno de sus poemas «picantes». Era de la isla de Paros.

—¿Y eso de «lírico» qué quiere decir?

—No te despistes con lo de «lírico». Los poemas se recitaban con el acompañamiento musical de una lira. En este tipo de poesía no se relataban las grandes gestas del pasado como ocurría con Homero, quien compuso poemas épicos, sino que en ellos se trataba el presente y la vida cotidiana. Algo así como la música popular.

—¡Ah, así que era un músico! Conque de Paros, ¿eh? ¿Y cantaba al amor? ¿Como el cantante Giannis Parios, que también es de Paros?

—Sí, podríamos decir que se trata del Giannis Parios de la Antigüedad, pero Arquíloco, como te decía, seguía sus propias normas, muy diferentes a las del resto. Por ejemplo, un día, durante una batalla, se sintió aterrorizado, retrocedió, tiró su escudo y se echó a correr para salvar el pellejo. No solo no se avergonzó de haberse acobardado en la batalla, sino que además escribió un poema sobre ello.

—Estás bromeando, ¿no? ¿Y conocemos el poema?

—Sí.

—¿Y qué dice? No me lo digas en griego clásico —dijo antes de que pudiera responderle.

—Más o menos vendría a decir lo siguiente: «Algún enemigo se envanece con mi escudo; aquel que, junto a un arbusto arrojé, ¡mas yo me salvé! ¿Qué me importa aquel escudo? Puesto que yo estoy bien, ya conseguiré otro igual».

—¿Abandonó su escudo y se fue? ¡No puede ser! Pero si los

antiguos griegos decían eso de «vuelve con el escudo o sobre él». Sentir cobardía era motivo de vergüenza.

—La expresión «vuelve con el escudo o sobre él» era una frase utilizada por los espartanos, no por todos los griegos.* Además, Arquíloco era un poeta extremadamente popular en la Antigüedad, a pesar de que se riera de su propia cobardía en la batalla. Después de todo, acabamos de ver que ¡Heráclito lo equipara a Homero!

—Me estás confundiendo con tanto nombre. ¿A qué época pertenecía cada uno de ellos? Y es más, te digo otra cosa, ¿por qué los arqueólogos, historiadores y todos los que están metidos en el tema no paran de analizar todo lo relacionado con la Antigüedad? De acuerdo que fue una época muy importante... Construimos el Partenón, inventamos la filosofía, pero ¿qué importancia tiene todo esto ahora? Que tengamos trabajo es lo importante y nada más.

—¡Oye, no menosprecies así de golpe toda una disciplina! La arqueología tiene su razón de ser.

—A ver, pues explícame cuál es esa razón de ser, ¿para qué la necesitamos? —preguntó con un aire provocador.

—Buena pregunta. Te la contestaré. Imagínate que un día te levantas y has perdido la memoria. No recuerdas quién es tu padre ni tampoco tu madre, ni siquiera tus abuelos. Imagino que irías al médico, ¿no?

—Por supuesto.

—De acuerdo, ahora supongamos que el médico te dice que todo está bien, que no te preocupes, y que se puede arreglar. Te hace una propuesta y te ofrece dos opciones. La primera consiste en que acudas a terapia para que puedas recuperar tus recuerdos, mientras que la segunda es que permanezcas en tu estado de amnesia de manera consciente y por propia voluntad. La elección es tuya.

---

* Frase que las madres espartanas decían a sus hijos antes de marchar a la guerra, en el sentido de volver victorioso con él o muerto sobre él, cfr. Plutarco, *Moralia*, 241F, 16 (*N. de la t.*).

¿Quieres volver a recordar y conocer tu pasado o prefieres dejarlo todo en el olvido?

—Preferiría recuperar mis recuerdos. Seguro.

—¿Y por qué querrías recuperar la memoria?

—Porque, hombre, de acuerdo que nuestro pasado no siempre nos resulta agradable, y tampoco hace falta acordarse con todo lujo de detalle de lo que pasa en nuestras casas, pero no podría vivir sin recuerdos. Sería horrible no saber quién me dio la vida, quién se la dio a los que me la dieron a mí y qué clase de personas eran. No me gustaría olvidarme de los buenos momentos, ni tampoco de los momentos en los que me han ayudado o incluso en los que yo mismo he ayudado a los demás ¡Amigo, por lo menos acordarnos de nuestro historial médico! Pero, vamos, que este es otro tema. Simplemente es que se trata de mi propia vida.

—¡Exactamente! Al igual que tú elegirías recuperar los recuerdos que habías perdido aquella mañana, por esa misma razón la humanidad necesita la arqueología, porque queremos averiguar de dónde venimos. Como grupo no podemos conservar nuestros recuerdos de la misma manera que lo hacemos como individuos. Y por eso necesitamos la ayuda de la arqueología, porque nos ayuda a comprender qué hemos hecho para llegar hasta aquí. Y en el caso de que podamos mejorar algo para salvarnos, pues poder hacerlo.

—¿Pero por qué debería preocuparme yo por ese pasado colectivo?

—¿Acaso no formas parte de la sociedad? ¿Quieres vivir de manera automática como un robot o, por el contrario, prefieres comprender el mundo que te rodea y desarrollar tu propia visión de él? Si deseas vivir como una máquina trabajando, sin pensar, durmiendo, despertándote, comiendo y así cada día..., estás en tu derecho. ¿Pero te es suficiente? Cualquier trabajo que realices y en el sector que sea, siempre querrás saber lo que se ha hecho antes de que tú llegaras. Nunca queremos partir de cero. Si no, ¡vaya decepción! Así que cuanto más te abras al pasado y amplíes tus horizontes, más comprenderás que todo afecta a la humanidad en su conjunto.

—De acuerdo, lo que dices suena bien. Tampoco es que haya algo malo en eso de la arqueología, pero, es un poco confuso. Desde luego, en la escuela no nos lo enseñaron bien que digamos.

—Mira, eso de que «no nos lo enseñaron bien» ya me lo conozco, además suena a excusa. ¡Que no estamos hablando de física cuántica! ¿Te parece bien que como sociedad nos conformemos con lo que aprendimos en la escuela? Tenemos la idea equivocada de que la educación comienza y termina en la escuela, porque el conocimiento está siempre a nuestro alcance. También la arqueología es accesible, pues es fácil de comprender y de descubrir. ¿Como adulto has intentado alguna vez descubrir por ti mismo la Antigüedad?

—Pero ¿qué voy a descubrir? No sabría ni por dónde empezar. ¡Vaya desastre! No sé ni qué pasó primero, ni qué pasó después, ni cuándo vivió Alejandro Magno, ni Odiseo, ni Sócrates, ni cuándo existió Micenas, ni el Minotauro. Me atrevería a decir que ni siquiera tú, que lo has estudiado, podrías contarlo de forma sencilla y siguiendo un orden cronológico. —Sonrió con algo de sarcasmo, creyendo que había conseguido cerrarme el pico, que me había desanimado y que no podría responderle.

—¡Pues claro que puedo! Te lo voy a contar ahora mismo, y utilizando palabras sencillas. Tenemos tiempo.

Parecía sorprendido. Me miró con asombro, desconcertado, intentando averiguar si estaba bromeando con él. Permanecí en silencio, pero con una sonrisa.

—¡Genial! —dijo tras una breve pausa—. Pero tengo hambre. Si tuviéramos algo para picar...

Me senté con las piernas cruzadas en el suelo del elevador, él hizo lo mismo. Metí la mano en la mochila que llevaba y saqué una bolsa de papas fritas que tenía, la abrí, la puse en medio y le ofrecí. A través de las bocinas del elevador sonaba de fondo el hilo musical, un variado repertorio de música griega popular que iba a ser la banda sonora de nuestra conversación. Justo cuando comenzó la siguiente canción, tomó una papa frita, se la metió en la boca y al primer crujido empecé a hablar...

1
YABBA DABBA DOO

LA EDAD DE PIEDRA

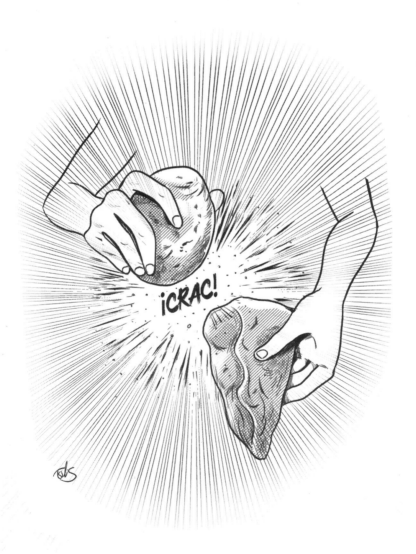

—¡Comencemos por el principio!

—De acuerdo. —Me miró con cierto recelo—. ¿Cuál es el origen de todo?

—El amor.

—¿Cómo?

—Es una broma. Es que según la mitología griega la primera criatura que surge de la noche y del caos es Eros, el dios del amor.

—¿En serio? ¿Todo nace del amor? —Puso una sonrisa maliciosa.

—Siempre. A decir verdad, todo nace del poder y del amor.

—¡Y del dinero!

—Desde luego no existe una vestimenta mejor para el poder que el dinero.

—¿Y el amor? ¿Cómo va vestido?

—El amor, amigo mío, siempre va desnudo. Pero dejemos las cuestiones filosóficas aparte, estábamos hablando de la prehistoria.

—Pero ¿no ibas a hablarme de la antigua Grecia?

—No seas impaciente. Ya llegaremos a la época clásica y podrás resolver muchas de las dudas que tienes. La prehistoria también forma parte de la Antigüedad.

—La prehistoria. ¿Te refieres a los hombres de las cavernas, unga, unga y cosas así?

—¿Unga, unga y cosas así? Exactamente ¿cómo te imaginas al hombre prehistórico?

—Mmm, un poco... unga... un poco... cavernícola, ¡algo parecido!

—Se trata de un error bastante común que muchos solemos cometer. Tenemos la idea de que nuestros ancestros cuanto más tiempo hace que vivieron más tontos eran. Esto se debe a que, como individuos, tendemos a ver la historia como si se tratara de la línea temporal de la vida de un hombre. Además, de manera inconsciente siempre nos situamos en la etapa «adulta» de dicha vida, de modo que las generaciones anteriores representan para nosotros, de manera automática, la infancia.

—Está bien, pero no me puedes negar que la humanidad ha evolucionado intelectualmente.

—Pues claro que ha evolucionado, y muchísimo. Y cada nueva generación evoluciona más todavía. Puede que el hombre prehistórico partiera de la nada, pero no era ningún tonto. Simplemente era distinto a nosotros. Si nuestros antepasados prehistóricos hubieran sido tontos, no habrían sido capaces de sobrevivir. ¡Imagínate lo difícil que debía de ser cazar esos enormes cuadrúpedos salvajes para poder comer!

—¿Te refieres a los mamuts y a animales por el estilo?

—¡Y no solo a esos! ¿Te parece que los búfalos salvajes tengan pinta de dejarse atrapar fácilmente?

—Pues, ni idea, nunca he ido de caza. Como mucho, de pequeño perseguía gallinas en mi pueblo.

—Me da la impresión de que hay alguna diferencia entre las dos especies...

—Desde luego que sí... y para ser sincero, de pequeño no capturaba ni una gallina. ¿Cómo se las arreglaban para atrapar semejantes bestias salvajes?

—Con la mejor arma que existe: ¡la inteligencia! Por ejemplo, tenemos referencias de épocas posteriores de que los humanos de entonces conducían las manadas de animales salvajes a través de caminos que habían preparado para llevarlos hasta un precipicio, donde los animales, presas del pánico, caían y morían. Algo similar podría haber sucedido en la prehistoria.

—¡Brillante! Por lo que parece, la naturaleza humana no ha cambiado tanto, ¿eh?

—Vaya, ¡acabas de iniciar una polémica! Desde mi punto de vista no existe la naturaleza humana, sino la biología humana. Tenemos hambre, tenemos sed, orinamos, sentimos dolor y lloramos. Todo eso forma parte de nuestra biología, pero no de nuestra naturaleza. Hemos conformado nuestra naturaleza y todavía seguimos haciéndolo, tal y como te voy a demostrar ahora mismo.

—Entonces, ¿en qué se diferenciaban nuestros antepasados prehistóricos de nosotros?

—En algunos aspectos en nada; en cambio, en otros muchísimo. Lo que es indudable es que tenían una percepción distinta de las cosas. Para empezar, seguro que, al igual que nosotros, tenían emociones.

—¿Por qué lo dices tan seguro?

—Porque cuando encontramos un entierro del Paleolítico realizado con cuidado y delicadeza, es un buen indicador de que hubo personas que lloraron esas muertes, que estaban tristes porque alguien se había ido para siempre de sus vidas. El hombre prehistórico seguro que se preocupaba porque en pleno invierno el embarazo de una joven saliera bien. Otro se preocuparía cuando un grupo de cazadores tardara en volver... al divisar en el horizonte menos siluetas de las que se habían marchado, y estaría ansioso por distinguir si entre ellas había regresado su ser querido, seguro que le temblaban las piernas, se le aceleraba el pulso y sentía miedo. Lo que sí es cierto es que, con respecto a nosotros, todos ellos tendrían una percepción muy diferente de sí mismos y del mundo que los rodeaba.

—¿Qué quieres decir?

—Muy sencillo, en ese entonces no existía nada del mundo que hoy en día nos rodea. Pero nada de nada. No había tecnología, ni ciudades, ni bienes materiales, por lo que toda su visión del mundo procedía de estímulos completamente diferentes.

—Lo que estás contando es muy general y poco concreto. Además, podría llegar a interesarme por algún periodo histórico del que sabemos algo, pero un tiempo pasado tan remoto como la prehistoria no entiendo qué tiene que ver conmigo, ni qué interés puede suscitar...

—Porque todo comenzó en la prehistoria. Fue entonces cuando nos convertimos en humanos.

—¿Cuándo exactamente?

—Comencemos de nuevo por el principio, desde la Edad de Piedra, que se divide en Paleolítico, Mesolítico y Neolítico. ¿Has oído alguna vez estas tres palabras?

—Claro, incluso sé en qué orden van, no es muy difícil... Pero sé poco más. Bueno, también sé que son épocas muy antiguas. Pero ¿por qué se divide en tres partes la Edad de Piedra? ¿Y por qué la Edad de Piedra tiene que ser la primera? ¿O es porque había que llamarla de alguna manera?

—Sí, así de simple. Los investigadores dividieron la prehistoria en tres periodos: la Edad de Piedra, la Edad de Bronce y la Edad de Hierro.

—Ya, pero ¿por qué los llamaron así? Podrían haberles puesto cualquier otro nombre.

—¡Pues porque sí!

—¿Estás bromeando?

—Sí, un poco. Pero, bromas aparte, tenían que llamarse de alguna manera. Cuando la arqueología comenzó a realizar excavaciones, los distintos periodos de tiempo se denominaron según el material predominante de cada época. El primero de ellos comprende un vasto periodo de tiempo al que llamamos la Edad de Piedra, que, a su vez, se divide, como hemos comentado, en Paleolítico, Mesolítico y Neolítico, cada uno de ellos se divide también en varios periodos.

—¡Oye! ¡Vaya terminología! No te sigo. Vuelve a comenzar por el primero.

—Es decir, por el Paleolítico. El Paleolítico abarca casi toda la existencia humana en la Tierra. Se extendió a lo largo de muchos milenios, desde el comienzo de la especie humana hasta la revolución que supuso la domesticación de los animales, la aparición de la agricultura e incluso el sedentarismo, un periodo relativamente reciente al que denominamos Neolítico.

—¿Así que del Paleolítico pasamos al Neolítico? ¿Y el Mesolítico?

—El Mesolítico se interpone entre los dos periodos, porque, como comprenderás, el cambio no se produjo de la noche a la mañana y, básicamente, el Mesolítico es el periodo de transición del Paleolítico al Neolítico.

—¿Y todo esto pasó en Grecia?

—En todo el mundo. La humanidad no comenzó en Grecia, ni siquiera en Europa, sino que comenzó en África oriental y desde allí se extendió por todo el mundo.

—¿Todo eso en el Paleolítico?

—¡Exactamente!

—Y, entonces, ¿cuándo llegaron los primeros pobladores a Grecia?

—No lo sabemos con exactitud, seguimos intentando averiguarlo. Hemos encontrado evidencias arqueológicas de los primeros humanos que vivieron en Grecia; sin embargo, no voy a confundirte con todas las especies humanas de la prehistoria, porque nos meteríamos en un buen lío.

—¿Dijiste especies humanas?

—Sí, nosotros mismos somos *Homo sapiens sapiens*, pero antes hubo otras especies, como el *Homo heidelbergensis* o el *Homo neanderthalensis*, conocido como neandertal, etc.

—Ah, sí, conozco a más de un neandertal —dijo, y se echó a reír.

—Sí, ¡normalmente te los encuentras al volante! Por decirlo de forma sencilla, uno de nuestros antepasados fabricó las primeras herramientas, por eso lo llamamos *Homo habilis*, que significa «hombre hábil». Después se produjo el descubrimiento del fuego. Otro de nuestros ancestros se puso de pie y comenzó a caminar como nosotros, es el llamado *Homo erectus*, que significa «hombre erguido», porque pasó de caminar a cuatro patas a caminar sobre dos, y la cosa se le fue de las manos. Además, tenemos evidencias de que el *Homo heidelbergensis*, el *neanderthalensis* y otras especies humanas pasaron por Grecia en algún momento, ya que es un lugar de paso desde el sur hacia el norte. Desconocemos en qué momento exacto una parte de los humanos abandonó África y cuándo se extendieron por el mundo. Tendremos que esperar a que investigaciones futuras puedan aportarnos más datos.

—Por lo tanto... los griegos llevan viviendo en este país desde el Paleolítico.

—¡Qué va! En realidad, es imposible saberlo. Lo que sí sabemos es que el «hombre» como tal apareció en territorio griego hace muchos centenares de años, pero desconocemos quiénes fueron los primeros pobladores. Es decir, no podemos llamarlos griegos, sino habitantes de Grecia. No tenemos ni idea de si ya se había formado un pueblo griego como tal o si tenían cierto sentimiento de pertenencia a un grupo o no. En la prehistoria no podemos hablar de pueblos.

—¿No había pueblos en la prehistoria?

—Nunca podremos saber si existieron, porque no dejaron ningún testimonio escrito ni ninguna otra prueba que nos muestre cómo se definían entre ellos, de modo que no podemos identificar ningún pueblo de la prehistoria, y el que te diga lo contrario miente.

—Pues yo leí un artículo en internet que decía que...

—En internet podemos encontrar de todo... —lo interrumpí—, pero eso no significa que lo que leamos tenga una base científica sólida. Todos los intentos que se han realizado hasta ahora para clasificar distintos grupos de población en la prehistoria se han llevado a cabo por motivos «políticos» y han sido un rotundo fracaso, además de que no se ha podido demostrar nada. De hecho, la ciencia actual no los acepta. En cualquier caso, la prehistoria tiene un interés tremendo para el conjunto de la humanidad y su evolución en el planeta. Que los primeros habitantes fueran griegos, malgaches, egipcios o masáis carece de importancia. Quizá no seamos capaces de identificar a los distintos pueblos prehistóricos, pero podemos estudiar la especie humana en su conjunto y el desarrollo de su civilización.

—Bien... Tengo una duda. ¿El Paleolítico este del que me estás hablando es muy antiguo?

—Más o menos comienza hace unos 3.5 millones de años. Es el periodo más desconocido, el más difícil de identificar y de estudiar.

—¿Por qué?

—Tiene su lógica, ¿no? Piensa que estamos hablando de una época en la que el hombre aún no dejaba constancia de sus actos, ni de sus pensamientos. Es antes de que comenzara a realizar grandes creaciones; es más, ni siquiera tenía un hogar fijo. En aquella época todavía éramos cazadores y recolectores. Desconocíamos la agricultura, nos alimentábamos de lo que encontrábamos en los árboles y de lo que podíamos cazar. No fue una época fácil. La especie humana tuvo que sufrir muchas penurias durante cientos de miles de años. De hecho, los únicos vestigios que han sobrevivido de esa época y con los que podemos identificar al hombre del Paleolítico son las herramientas de piedra que fabricó y utilizó. El Paleolítico y toda la civilización humana comenzaron de forma muy, pero muy elemental; ahora bien, si lo piensas detenidamente, se trata de un momento increíble.

—¿Qué quieres decir? ¿A qué momento te refieres?

—Al momento en el que nuestro primer ancestro fabricó la primera herramienta y a partir de ahí comenzó todo. Muy despacio, a un ritmo muy lento. Pero ya no había vuelta atrás, aunque, en ese preciso momento, él —o ella, claro— aparentemente fuera incapaz de comprender la dimensión de su acto.

—Espera, espera, ¿dijiste «ella»? ¿Me estás diciendo que fue la mujer la que fabricó la primera herramienta?

—¿Es que tienes constancia de que la fabricara un hombre?

—Tienes razón...

—Los hombres —es decir, los hombres y las mujeres— abandonaron la naturaleza que los rodeaba y dieron un primer paso insignificante para comenzar a crear ellos mismos su propio mundo. Fue quizá el momento más importante de nuestra evolución como especie en este planeta.

—A ver, pero ¿por qué fue tan importante ese momento?

—Pues porque es en ese instante en el que el hombre creó por primera vez algo que hasta entonces no existía. ¿Cuál es la principal diferencia entre nosotros y el resto de la fauna del planeta? Sin duda, tenemos la capacidad de crear y de destruir. Incluso a nosotros mismos. En el momento en el que el hombre comenzó a fabricar sus propias herramientas, empezó también a modelar el mundo que lo rodeaba. Después de eso nada sería lo mismo, el cambio constante jamás se detendría ya. Durante millones de años, la vida en nuestro planeta obedeció sin chistar y de manera sumisa a las leyes de la naturaleza, hasta que, de repente, una de las especies que había sobre el planeta decidió quebrantar el orden de la naturaleza y salir de él, para crear el propio. ¡Todo comenzó con un crac!

—¿De qué crac hablas? ¿Un ruido?

—El sonido que se produjo cuando dos manos agarraron dos piedras, golpearon una contra otra y la piedra se partió, creando una superficie afilada. El crujido resonaría durante los siglos posteriores. Era el sonido que la especie humana hacía cada vez que rompía las normas de la naturaleza. Esa superficie afilada iba a ser la encargada de modelar el futuro como nadie podía imaginar. ¡El milagro humano acababa de comenzar! La especie humana se extendió desde las cálidas regiones de África hasta los más recónditos lugares del planeta. El ser humano se esparció como la arena con el viento.

—¿Así comenzó la humanidad? ¿Esta teoría es generalmente aceptada?

—Si tengo que dar una respuesta a una pregunta tan filosófica como la de cuándo comenzó el hombre su viaje, esta sería mi propia «interpretación», e imagino que también la de otros. Según otras afirmaciones, la civilización humana habría comenzado cuando uno de nuestros antepasados enojado habría lanzado palabras en vez de piedras, o cuando se realizó por primera vez un entierro preparado con cuidado. Todo continúa siendo un poco subjetivo, pero lo importante es que la humanidad creó la civilización y, así, logró distinguirse de otras formas de vida que había en el planeta.

—Bien. Así pues, el hombre se extendió por toda la Tierra, pero luego ¿qué pasó?

—A partir de ese momento el viaje fue —y continúa siendo— fascinante. El cambio es la única constante, algo que, sin embargo, los humanos seguimos temiendo. Cualquiera que tenga algún tipo de conocimiento sobre la presencia humana en este planeta puede sonreír ante la persistencia con la que los humanos nos engañamos a nosotros mismos, aferrándonos a la permanencia y a la estabilidad de nuestra naturaleza.

—Permíteme que no esté de acuerdo. No creo que el hombre esté sometido a un cambio constante, las cosas no cambian, siempre ha sido igual. Está en nuestra naturaleza...

—¿De qué naturaleza me estás hablando? No está en tu naturaleza ni siquiera comer pan, ni vestir, ni conducir, ni leer, ni vivir en edificios, ni usar la electricidad, ni utilizar el elevador. Y fíjate nada más, estás encerrado en uno.

Me miró en silencio y se quedó pensativo.

—¿Estás afirmando que la naturaleza humana no existe?

—Por supuesto que existe, pero atañe a nuestra biología y nuestra supervivencia. Además, tenemos que respetarla porque estamos inextricablemente unidos a ella. De la misma manera, debemos respetar nuestra presencia en el planeta y el hecho de que estemos ligados a él y a los demás seres que en él habitan. Sin embargo, no debemos convertir todo esto en una excusa para encubrir nuestra manera de pensar, ya que nuestra naturaleza no delimita nuestro comportamiento, sino que somos nosotros quienes lo definimos. ¡Haberlo pensado mejor y no haber roto esa piedra, amigo! Acabas de ir más allá de tu naturaleza, la has sobrepasado. ¿Acaso no lo sabías? ¿No le preguntaste a nadie? Ahora me vas a decir que a quién se supone que debería haber preguntado ese hombre de aquella época, ¿al helecho y a los líquenes, o al mastodonte que acaba de pasar a su lado? Resulta que la mandíbula de ese humano se prestaba poco a la conversación. En fin, si nos paramos a pensarlo, el viaje de la humanidad estuvo repleto de aventuras y fue breve. Si calculamos que la Tierra como planeta tiene 4 500 millones de años y que la vida en ella comenzó hace unos 3 500 millones de años, mientras que el hombre como habitante del planeta tiene solo 3.5 millones de años, ¡hemos viajado a una velocidad vertiginosa! No nos ha dado tiempo ni de adaptarnos. Es normal que nos haya afectado psicológicamente. Menos mal que tenemos la arqueología para ayudarnos.

—¿Por? ¿Es ese el objetivo de la arqueología?

—Podríamos decir en clave de humor que la arqueología es como una sesión de psicoterapia universal y colectiva a través de la cual ahondamos en nuestro pasado para averiguar qué nos ha conducido hasta aquí y por qué somos la forma de vida más compleja del sistema solar.

—Razón no te falta. Los humanos somos unas criaturas misteriosas. De hecho, a todos nos haría falta un poco de terapia. Pero háblame un poco más sobre el hombre del Paleolítico y qué le pareció el primer artilugio que inventó. ¿Qué pasó después?

—Pues que le gustó mucho como herramienta. Se dijo a sí mismo algo así como: «¡Qué cosa tan útil!». A continuación fabricó otra igual, y después de esta otra y otra más. Y pensó que, como estaba rodeado de gente, por qué iba a ser él el único que fabricara ese tipo de herramientas, así que muchos otros comenzaron a echar una mano. Y entonces a alguien se le ocurrió mejorarla. Así fue como comenzaron a evolucionar las primeras herramientas.

—Pero ¿por qué les damos tanta importancia a esos utensilios de piedra?

—Porque es lo que encontramos con más frecuencia en los yacimientos arqueológicos del Paleolítico: hachas de mano y otras herramientas hechas de piedra o hueso.

—¿No tenían otros materiales?

—Por supuesto que habría objetos realizados a partir de otros materiales, como puede ser la madera, pero la madera se descompone y no perdura a lo largo del tiempo. Así pues, estamos abocados a descubrir al hombre prehistórico, y en concreto al del Paleolítico, principalmente a través de los restos que han llegado hasta nosotros.

—¿Y qué más hizo el hombre durante esos primeros años?

—¡Arte, amigo mío! —exclamé. Mi repentino entusiasmo le sorprendió—. ¡Arte! Tanto si se trata de unas simples joyas, como de las más hermosas pinturas rupestres, el arte comenzó incluso antes de que el hombre aprendiera a cultivar la tierra y a construir casas. También aquí, en algún lugar cercano, hay gente que ama el arte y se gana la vida con él. Igual que los cantantes hacen hoy en día, después de dejar el micrófono, se van a su casa con la cabeza bien alta porque han compartido y mostrado su arte a los demás.

—¡El artista y su micrófono!

—Por lo tanto, si hoy en algún momento del día escuchas una conversación ajena en la que un *Homo sapiens* en un grupo de amigos afirma con indiferencia que «no le interesa el arte» o que «el arte carece de importancia», ten en cuenta que su antepasado de hace cientos de miles de años, vestido con pieles de animales y que vivía casi como ellos, incluso ese «unga, unga» dentro de su cueva, sintió la necesidad de crear arte. Y lo hizo, porque el arte nació a la par que la especie humana. En una época en que la humanidad no dominaba más elementos que los imprescindibles para su supervivencia, como el cultivo o la construcción de casas, ya empezó a crear arte, y más tarde empezaría a vivir y a comer... como una persona.

—De acuerdo, hasta aquí todo entendido. ¿Y después del Paleolítico viene el Mesolítico?

—Sí, pero recuerda que hemos sido nosotros los que le hemos puesto ese nombre y que por lo tanto nos lo hemos inventado. No te me vayas a confundir. A nadie le dio por organizar un fiestón de fin de era con sus amigos en una cueva y colgar carteles en los que pusiera «Feliz Mesolítico», mientras contaban los segundos, tres, dos, uno... se tomaban las uvas y se decían: «¡Adiós, Paleolítico! ¡Bienvenido, Mesolítico! Vamos a celebrarlo y a darnos besos y abrazos». La transición fue gradual, por eso la hemos definido a grandes rasgos, para poder poner un poco de orden dentro del increíble caos temporal de la prehistoria.

—Entonces, ¿por qué incluyeron el Mesolítico? ¿Qué es lo que tiene de especial?

—Poco a poco la vida comenzó a cambiar de nuevo... El Mesolítico representa el periodo de transición del Paleolítico al Neolítico, durante el cual todo cambiaría.

—¿Qué sucedió para que todo cambiara?

—Un tema de mucho cuidado, verás. Definimos el Neolítico como el periodo de nuestro planeta en el que por fin alguien se dio cuenta de que —¡ey, chicos!— la fruta cae al suelo y a continuación brota algo de la tierra... A ver qué pasa si tomo la fruta, la meto en la tierra y la piso... Y al cabo de un rato, ¡miraaa! ¡Ahí está su retoño! ¡Chicos, chicos, ha salido! El hombre acaba de aprender a cultivar la tierra y a producir sus propios alimentos. No solo a producirlos, sino también a multiplicarlos. Y también ve que puede guardarlos para cuando vengan tiempos difíciles, es decir, para cuando haga mal tiempo, no encuentre nada que comer o simplemente le rujan las tripas.

—¡Ah! Me siento identificado con ellos.

—No me voy a extender mucho, pero quizá en ese entonces se sentaron las bases de la propiedad privada y del trueque. En paralelo a la invención de la agricultura ocurrieron otros cambios decisivos, tales como... «puesto que necesitamos el campo porque nos da de comer, a lo mejor podríamos instalarnos aquí de manera definitiva; así evitaríamos tener que estar siempre de aquí para allá».

—¿Así que en el Neolítico cambió todo?

—¡Exactamente! Esa transición que dio paso al Neolítico y a la civilización, que transformó todo por completo, es el mejor argumento para quien se opone al cambio y a la transición hacia algo nuevo por el simple hecho de que «si siempre ha sido así... ¿para qué vamos a cambiarlo ahora?». A lo que podríamos responder que durante cientos de miles de años la humanidad tuvo que vivir sin tener un hogar fijo y sin saber cultivar la tierra, ni siquiera para poder llevarse un trozo de pan a la boca o un poco de aceite. ¿Te parece que estaríamos mejor si volviéramos a las cavernas? ¿Acaso nos sentiríamos allí más a gusto?

—¿Así que la gran innovación del Neolítico fue el cultivo de la tierra?

—No solo eso, al mismo tiempo se produjo la domesticación de los animales. Verás, debieron pensar algo así como: «El buey tiene fuerza y nos puede ayudar a arar la tierra, porque, al fin y al cabo, cuando se labra a más profundidad, las verduras crecen mejor. La cabra produce leche y amamanta a sus crías, ¿qué podríamos hacer con la que sobra? La oveja tiene mucha lana y mejor pelo que nosotros, ¿no deberíamos trasquilarla?». Hasta que a algún antepasado —al que deberían adorar como a un dios en las casas de moda de París, Milán y Nueva York— se le ocurrió la gran idea de recoger la lana y hacer ropa con ella. Las buenas ideas se extienden como la pólvora. Seguramente algún ancestro que fuera lejos de su casa vería a otras personas vestidas con ropas de lana desconocidas para él hasta entonces y querría tener algo parecido. Volvería a su pueblo y harto de sus pieles de animal, las tiraría.

—Sí, pero ¡la lana pica!

—Sí, sí pica, y seguramente también les picaría a algunos hombres del Neolítico, ¡hasta que alguien en algún momento se fijó en el algodón! —«Mira qué suave es esta cosa peluda»—. Y, por supuesto, para ser justos y decirlo bien, todo esto no tiene por qué habérsele ocurrido a una sola persona en todo el planeta, sino que las mismas ideas pueden haberse dado entre personas diferentes y originado al mismo tiempo en lugares muy alejados entre sí. Por aquel entonces también se inventó la alfarería. El hombre agarró un poco de tierra, la modeló, la horneó y *voilà!*: se crearon los primeros vasos y recipientes que, de manera ininterrumpida, continúan fabricándose hasta hoy. Los vasos de barro tienen una magia increíble, puesto que no los destruye el tiempo, sino tan solo la mano del hombre.

—¿Cómo es eso posible?

—Es tierra cocida, así que, si no se toca, permanece intacta por los siglos de los siglos, lo cual es muy importante en el campo de la investigación. El hecho en sí de que haya llegado hasta nosotros cerámica, desde su creación en el Neolítico, y que, tras siglos de investigación, podamos establecer un orden cronológico y saber cuándo se fabricó cada pieza, es un regalo. La cerámica es el hallazgo arqueológico más común en las excavaciones. Además, la enorme cadena evolutiva del arte cerámico nos ayuda a fijar la época a la que pertenece cada yacimiento en el que se realiza una excavación.

Como podemos observar, en el Neolítico todo cambió para la especie humana. Y en el momento en el que ese modo de vida propio del Neolítico llegó a Grecia, todo cambió aquí también.

—Ah... pero ¿no comenzó todo aquí?

—No, no fuimos el primer lugar del mundo que adoptó el radical estilo de vida del Neolítico. En Oriente ya se daba desde el 10000 a. C., mientras que en Grecia el Neolítico comenzó en torno al año 7000 a. C. y se prolongó a lo largo de cuatro milenios. Como puedes ver, se trata de un intervalo de tiempo muy amplio y, tal y como hemos comentado antes, en constante evolución. Por eso hemos dividido este periodo en varias fases: Neolítico inicial, Neolítico medio, Neolítico tardío y Neolítico final.

—Me estoy quedando sin neuronas. No voy a ser capaz de recordar nada.

—Tienes razón, en verdad tampoco necesitas tantos detalles. Basta con que sepas que durante esos años el modo de vida propio del Neolítico se extendió por toda la Grecia continental y por las islas. Con el descubrimiento de la agricultura, el ser humano fue capaz de sobrevivir sin necesidad de pasar tantas penurias.

—¿Por eso adoraban a dioses como la Madre Tierra?

—Suponemos que adoraban a la Tierra como si fuera un dios, sí, y probablemente así sucediera, pero no olvides que nos encontramos en la prehistoria y que ignoramos cómo se llamaban sus dioses. Desde luego eran unos dioses bastante crueles.

—¿Por qué lo dices?

—No hay duda de que la vida y la supervivencia eran difíciles en aquella época, de modo que seguramente el hombre de entonces se imaginaría unos dioses tan duros como lo era su propia vida. Al fin y al cabo, el simple hecho de obtener alimentos mediante la agricultura requería de un esfuerzo enorme. Con toda probabilidad un agricultor se fatigaría trabajando en medio de un campo helado o se abrasaría bajo un sol infernal, sin garantías de que la tierra fuera a producir lo suficiente, y siempre le acecharía el temor de que el granizo o una enfermedad se lo llevaran todo por delante. Durante miles de años la gente ha padecido numerosas hambrunas, cuando la tierra no producía lo suficiente. Así que cualquier deidad responsable de todo eso, no podía dejar de ser cruel.

—¿Pero no podían haber sido un poco más compasivos esos dioses encargados de que la tierra produjera grano y los árboles dieran fruto?

—Buena observación. ¿Y por qué no las dos cosas a la vez? Había que ganarse su simpatía para que fueran benévolos con nosotros.

—Luego la humanidad les debía lealtad ¡a cambio de recibir sus favores! —exclamó, y levantó el índice para recalcar la brillante idea que acababa de tener.

—Simple, pero cierto. Esa fue, en pocas palabras, la «revolución» neolítica que se produjo de manera gradual y tranquila, pero que cambiaría la humanidad para siempre. De no haber sido por los descubrimientos que hemos mencionado, ahora no tendríamos ni harina, ni pan recién horneado en el que untarnos mermelada por la mañana para desayunar con un buen vaso de leche y unos cereales. Porque la leche y los cereales también son un invento del Neolítico, al igual que la casa donde nos los comemos. Como ves, el Neolítico fue uno de los periodos más importantes, si no el más importante, de la historia de la humanidad.

—¿Sabes qué? La prehistoria parece muy importante e interesante, pero aún desconocemos muchos detalles. Es como si los arqueólogos tuvieran muchas lagunas. Comienzan hablando siempre con «tal vez» y «probablemente».

—No te falta razón, amigo mío, pero los vestigios y los yacimientos arqueológicos prehistóricos son tan poco frecuentes como difíciles de interpretar. Además, no debemos olvidar que todos esos sitios continuaron utilizándose en épocas posteriores. Por ejemplo, un asentamiento prehistórico abandonado, después pudo haber sido reaprovechado por los antiguos griegos, los romanos, los bizantinos, los vénetos y los turcos. Durante miles de años se libraron batallas, se construyeron nuevos pueblos y ciudades y se aró la tierra. En todos esos años, cuando los nuevos habitantes encontraban cualquier clase de objeto antiguo perteneciente a un periodo anterior bien lo tiraban o bien lo destruían por ignorancia. Sin embargo, gracias a la perseverancia y la paciencia de los arqueólogos especializados en la prehistoria continúan apareciendo nuevos descubrimientos y yacimientos que nos aportan nuevos datos.

—¿Hay algún yacimiento del Neolítico que se pueda visitar en Grecia?

—¡Pues claro que los hay! ¡Y muchos! Pero lo que se conserva no tiene ni las dimensiones ni el esplendor de los recintos arqueológicos de época clásica como para acaparar todas las miradas. Un claro ejemplo son los yacimientos de Sesklo y Dímini en la región de Tesalia, aunque prefiero llevarte hasta la cueva de Franchthi, en el Peloponeso. Desde luego no es la única que hay, pero es un bonito ejemplo.

Enciendo mi celular, busco el nombre en Google y le enseño una foto. No parece que le haya llamado la atención, ¡con razón! La cueva no tiene ni estalactitas ni estalagmitas, no es más que un agujero en una roca.

—¿Esta cueva es todo lo que hay?

—¡Esta cueva es una maravilla! Es un caso muy particular porque fue habitada tanto en el Paleolítico como en el Mesolítico y en el Neolítico, así que nos permite observar las diferencias entre las distintas etapas y su evolución. ¿Qué más se puede pedir? En el Paleolítico vivieron en ella cazadores y recolectores que trabajaban con herramientas de piedra. Sin embargo, el primer cambio importante se produjo en el Mesolítico, ya que sus habitantes comenzaron a enterrar de manera sistemática a sus muertos, emprendieron largos viajes por mar y aprendieron a realizar la pesca masiva. Pero es en el Neolítico cuando podemos observar que sus habitantes salieron de la cueva y comenzaron a construir casas de piedra, a pescar,

a cultivar la tierra, a fabricar cerámica y hermosas figurillas de arcilla. Hasta que a finales del Neolítico se empezó a conocer el uso de
los metales y, entonces, la sociedad volvió a cambiar de nuevo y esta
vez ¡de una forma radical!

—¿Y cuánto duró el Neolítico?

—En Grecia duró aproximadamente desde el 7000 a. C. hasta
el 3000 a. C. Después, a principios del tercer milenio antes de Cris-
to, surgirían las civilizaciones más desarrolladas del Egeo. Más o
menos aquí termina la Edad de Piedra con sus tres periodos, y nos
adentramos en la Edad de Bronce.

—¿Con otros tres periodos?

—Sí, sí, como te estaba diciendo la Edad de Bronce...

—¡Espera! No tengas tanta prisa. Lo de la Edad de Piedra me
quedó claro, pero, antes de que continúes, tengo una pregunta: ¿qué
es en realidad la arqueología?

Dato curioso
¿Qué es la arqueología?

—Oye, tú que no eres arqueólogo, ¿qué es para ti la arqueología?

—La arqueología es la ciencia que estudia el pasado.

—Sí, pero no es la única que lo hace; otras ciencias también se ocupan de ello, en especial su hermana más conocida: la historia. Así que esta definición no abarca por completo la ciencia de la arqueología.

—De acuerdo, entonces diría que la arqueología consiste en desenterrar los vestigios del pasado. ¿Así mejor?

—Pues tampoco, porque la arqueología no solo se dedica a realizar excavaciones. Intentaré ser más concreto en este punto, ya que la arqueología es el estudio del pasado de la humanidad a través de sus restos materiales.

—¿«Vas a intentar concretar» tú que eres arqueólogo? Nada de lo que digo te parece bien. ¡Vaya problema! ¿Acaso no sabes definir tu propia ciencia?

—La arqueología ha recibido un sinfín de definiciones, pero gran parte de los arqueólogos no están satisfechos con ninguna de ellas, ya que la mayoría resultan incompletas. Además, la arqueología ha tomado ideas y teorías prestadas de otras disciplinas, como la sociología, la filosofía, la historia e incluso la geología, y desde sus inicios ha intentado definirse a sí misma. La dificultad de la arqueología para encontrar una definición que como ciencia comprenda todas estas otras ramas llevó a David Clarke, uno de los grandes teóricos de la arqueología, a exclamar harto: *«Archaeology is archaeology is archaeology!»*. Como si quisiera decir: ¡soy como soy y punto! Pero al final se encontró una especie de solución conciliadora, al definir la arqueología como el estudio del pasado del hombre a través de sus restos materiales.

—De acuerdo, definiciones aparte, ¿podrías explicarme al menos cómo surgió la ciencia de la arqueología?

—Te lo voy a explicar con una especie de cuento. Imagínate que las ciencias en persona fueran clientes habituales de una cafetería y que algunas de ellas, las de mayor renombre y de más edad, llevaran muchos años frecuentando ese local. La Arqueología, una ciencia joven, fresca y desinhibida, se planta frente a la entrada del café. La puerta se abre y la campana de la puerta anuncia la entrada de la joven en el refinado café. Las respetables damas —ataviadas con caros vestidos y elegantes sombreros— saborean una taza de café o de té acompañada de unas pastas, mientras están sentadas en grandes mesas redondas cubiertas con recios manteles bordados. Vuelven la cabeza hacia la puerta para ver quién entró. La Arqueología da un paso y se adentra en el café de las grandes ciencias. En cada mesa se sientan grupos de señoras afines entre sí. Conversan e influyen unas en las otras. Un día, la Geología saca algo de su bolsillo para enseñárselo a sus amigas. Se trata de una piedra, pero no de una piedra cualquiera. Está rota por alguna parte y tiene algunas incisiones. Es redonda por un lado, pero ligeramente afilada por el otro, como si alguien la hubiera partido intencionadamente para darle forma de cuchillo o de una hoja. «Encontré esto», dijo la Geología pensativa. En la mesa de al lado, la Teología resopló despectivamente. «Es obvio que no tienes ni idea de qué se trata esto. ¡Menos mal que estoy yo aquí! Esta piedra es lo que queda de los rayos que Dios enviaba antes para castigar a los pecadores.» La Teología siempre tendía a dar ella misma todas las respuestas, sin preocuparse por ninguna evidencia. Las demás ciencias se callaron porque no sabían muy bien qué era esa herramienta, pero les hizo pensar.

—¿Estás hablando en serio? —me interrumpió sorprendido.

—¡Totalmente! Cuando se encontraron las primeras herramientas de piedra del Paleolítico, la única explicación «racional» que se dio era que se trataba de rayos o puntas de lanza de los ángeles que Dios había enviado a la Tierra. Para la gente de entonces era inconcebible que la humanidad llevara miles de años en el planeta y que aquellas hubieran sido las primeras herramientas que el hombre había fabricado… y mucho menos que ese mismo acto de creación de esas primeras herramientas fuera lo que al mismo tiempo «transformó» al hombre en hombre.

—¿Y qué pasó con la piedra del Paleolítico en el café?

—A la Geología no le convenció la explicación de la Teología. Se quedó pensativa, mientras se la guardaba en el bolsillo. Además, desde hacía poco se había dado cuenta de que el suelo que pisamos está compuesto por capas, como las capas de un pastel que se elabora a lo largo de miles de años. Mirara donde mirara, solo podía constatar esa observación. Y la Arqueología, que estaba sentada a su lado, agudizó el oído para enterarse mejor. La idea de que la Tierra estuviera compuesta por capas le suscitó curiosidad. Poco tiempo después la Geología demostraría que ese objeto había sido fabricado por el hombre. ¡Y que era muy antiguo! Y la primera en saberlo fue su nueva amiga, ¡la Arqueología! Con el paso del tiempo la cafetería cambió de dueño y las grandes mesas redondas se quedaron anticuadas, por lo que fueron sustituidas por muebles más modernos, una decoración selecta y una tecnología más avanzada. Ahora la Arqueología se encontraba más cerca de las ciencias positivas, de modo que intentaba frecuentarlas y caerles bien. Todas las ciencias importantes se convirtieron en amigas suyas, así que cuando necesitaba algo no tenía más que pedírselo a las demás. La tenían en gran estima, y cuando salían todas juntas la llamaban cariñosamente Arqueometría. En la cafetería había una puerta de doble hoja: una de ellas conducía hasta las ciencias teóricas, mientras que la otra conducía hasta las positivas, y como la Arqueología ya se había ganado un sitio junto a las demás ciencias decidió que era hora de viajar. Comenzó por Europa, por las grandes civilizaciones del Mediterráneo, pero pronto se dio cuenta de que estaba interesada en todo el planeta, es decir, en todos los sitios donde hubiera habitado el ser humano.

—¡Increíble! Entonces, ¿la arqueología no empezó en Grecia?

—¡Por supuesto que no!

—Pero ¿la antigua Grecia no es lo más importante para la arqueología?

—Para todos aquellos que tienen un interés especial en la arqueología griega o concretamente en la del periodo clásico, podríamos decir que Grecia y el Mediterráneo oriental, por donde también se extendió la antigua civilización griega, son dos pilares fundamentales. Pero debemos tener presente que los restos arqueológicos encontrados pertenecientes a la civilización griega antigua o, en general, a la Antigüedad griega son muy diferentes de los que han aparecido en la civilización occidental.

—A ver, explícame esto mejor.

—La arqueología existe dondequiera que haya habido presencia humana. Desde hace miles de años el hombre ha dejado su huella en todos los rincones del planeta: desde el interior del África tropical con la imponente muralla del Gran Zimbabue hasta las dunas de Egipto con sus primeras pirámides; las islas de Gran Bretaña con sus sorprendentes recintos de piedra, o el valle del Indo con las primeras estructuras urbanas del mundo; las húmedas estepas de Rusia donde habitaron los escitas; las densas selvas tropicales de México donde los mayas construyeron enormes estructuras en medio de la jungla; las recónditas islas del Pacífico donde los pioneros y atrevidos polinesios levantaron sus tótems, etc. Así pues, podemos afirmar que la arqueología está por todas partes.

—¡Es fantástico ver cómo la arqueología lleva nuestra imaginación a otros lugares!

—Sí, mira, otra definición alternativa: la arqueología es el patio de recreo de la imaginación humana.

—¿Todas esas civilizaciones que has mencionado son antiguas? ¿Y todas surgieron al mismo tiempo?

—Algunas civilizaciones son más antiguas que otras, tan solo se trata de una coyuntura temporal. La civilización no es una competencia. Las primeras civilizaciones urbanas surgieron en Mesopotamia, en Egipto y en el valle del río Indo. En esos lugares ya existía la escritura, la arquitectura y el arte monumental desde el año 3000 a. C.

—Bueno, ¿y qué estaba pasando en Grecia en ese momento?

—En esos siglos Grecia había dejado atrás el Neolítico y se estaba adentrando en la Edad de Bronce.

—¡Ajá! Entonces, ahora sí, háblame de la Edad de Bronce.

2
NACÍ EN EL MEDITERRÁNEO

LA CIVILIZACIÓN CICLÁDICA

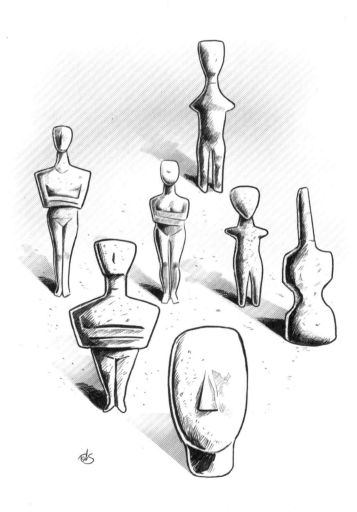

—Nos encontramos justo después del 3000 a. C. y acaba de comenzar la Edad de Bronce.

—O sea, que fue entonces cuando se descubrió el bronce, ¿no?

—No, no fue entonces. El cobre y otros metales como el oro, que, por cierto, ya entonces gozaba de mucho prestigio por su brillo dorado y luminoso, ya se habían descubierto. En los albores de la ciencia, cuando todo era más... sencillo, se dieron cuenta de que se había producido un aumento del uso del cobre, concretamente de la aleación de cobre y estaño —lo que se conoce como bronce—, por ese motivo en la tradición anglosajona se refirieron a esa época como *Age of Bronze*, es decir, la Edad de Bronce, y con ese nombre se quedó.

—Y si el término no es exacto, ¿por qué no lo cambian?

—Buena pregunta. Resulta que no es nada fácil cambiarlo, porque todos nos lo aprendimos con ese nombre y nos hemos acostumbrado a llamarlo así. Además, no es nada sencillo cambiar términos científicos a escala mundial; no hay que olvidar que debe haber consenso a la hora de elegir el término que va a denominar un periodo. Desde mi punto de vista tampoco serviría de mucho cambiarlo. Lo verdaderamente importante no está en el nombre.

—¿Y cuánto duró la Edad de Bronce?

—En Grecia, la Edad de Bronce abarca desde el 3000 al 1050 a. C. Y la ciencia, de manera convencional, la dividió en tres etapas.

—¡Guau, como la Edad de Piedra! El Paleolítico, el Mesolítico y el Neolítico. Luego ahora tendremos... el «Paleobronce», el «Mesobronce» y el «Neobronce», ¿acerté?

—Pues no. A las etapas de la Edad de Bronce las llamamos de otra manera: el Bronce Antiguo, el Bronce Medio y el Bronce Tardío.

—Vaya, ¡todo completamente diferente!

—Así es, pero ¡qué le vamos a hacer! Bueno, tenemos una Edad de Bronce antigua, una media y una tardía. A su vez, las distribuimos geográficamente en tres zonas: las islas Cícladas, Creta y la Grecia continental.

—¿Por qué en estas tres zonas?

—Porque cada una de ellas tuvo un desarrollo cultural muy distinto. Verás, mientras que en otras partes del mundo las grandes civilizaciones urbanas ya se habían desarrollado, en el Egeo surgieron civilizaciones con identidad propia. La Edad de Bronce que se dio en suelo griego fue sin duda excepcional; de hecho, no hubo una gran civilización, sino tres muy prósperas. Es la época de las grandes civilizaciones prehistóricas: a la cabeza se sitúa la civilización cicládica (localizada en las islas Cícladas), después la civilización minoica (en Creta) y en tercer lugar la civilización micénica (en la Grecia continental).

—Me estoy empezando a marear con tanto dato.

—Es muy fácil, la Edad de Bronce se divide en tres etapas. ¿Hasta aquí me sigues?

—Sí.

—Bien, tomaremos como ejemplo el primer periodo, la Edad de Bronce antigua, desde el 3000 al 1900 a. C. Si lo localizamos en las Cícladas, recibe el nombre de periodo cicládico antiguo, mientras que si se sitúa en Creta, lo llamamos periodo minoico antiguo.

Si se desarrolla en la Grecia continental, entonces lo denominamos heládico antiguo.

—De acuerdo, o sea que los tres surgieron a la vez, pero en lugares distintos.

—Exactamente. Y de estos tres el «ganador» del *talent show* de la época fue el periodo cicládico antiguo, porque fue entonces cuando floreció la civilización cicládica.

—A ver si lo entendí, ¿a la civilización cicládica también se le llama periodo cicládico antiguo?

—Más o menos vendría a ser lo mismo. La civilización cicládica alcanzó su máximo esplendor durante el periodo cicládico antiguo. Paralelamente en el Bronce Medio (1900-1600 a. C.) tenemos sucesivamente el cicládico medio, el minoico medio y el periodo heládico medio, donde la civilización minoica toma el relevo. Por último, está el Bronce Tardío (1600-1100 a. C.).

—¡Déjame adivinar! Ahora vienen el periodo cicládico tardío, el minoico tardío y el heládico tardío.

—¡Así es! Y de nuevo surgen de manera simultánea, pero otra vez en lugares distintos. Es ahora cuando la Grecia continental comienza a despuntar, con la civilización micénica.

—Bien. Ahora que por fin las sé situar en el tiempo... háblame de ellas...

—Muy bien. Comencemos por las Cícladas. El lugar donde surgió la civilización cicládica.

—¿Puedo interrumpir un momento? Es que acabo de caer en cuenta de que el nombre de Cícladas es un poco extraño, ¿no?

—Mmm, ya sé a lo que te refieres. ¡Cuando sepas de dónde viene, te va a parecer un nombre increíble! Zeus, el rey de los dioses, era muy enamoradizo y cayó rendido a los pies de Leto, que era hija de Ceo y Febe (ambos simbolizaban respectivamente el conocimiento práctico y la predicción del futuro —y, por tanto, la suma total del conocimiento en el universo—). Tras unirse a Zeus, Leto quedó embarazada de mellizos. Hera, la esposa de Zeus, a sabiendas de que el niño nacido de esta unión cambiaría el curso del mundo existente, y evidentemente porque estaba ya harta, ordenó que, llegado el momento del parto, ningún lugar sobre la faz de la tierra acogiera a Leto. De esta manera, Leto deambulaba de aquí para allá con fuertes contracciones y con la respiración entrecortada. Únicamente una pequeña roca, tan minúscula e insignificante que ni siquiera tenía un lugar fijo en el mar, sino que flotaba en el Egeo, se compadeció de Leto. Le dijo: «¡Querida Leto, conocí el desprecio del mundo, y todos me consideran un pedazo de roca sin importancia! Ven conmigo. Yo te acogeré para que puedas dar a luz. ¡Hera no me asusta!». Leto le dio las gracias y le aseguró que pronto recibiría el honor que merecía por haberle mostrado su ayuda con tanta valentía, por lo que dejaría de ser un lugar invisible e ignorado, para convertirse en la isla de Delos.* En el centro de la isla había una palmera en la que Leto se apoyó para dar a luz. Las demás diosas se apresuraron en envolver en pañales al pequeño Apolo, pero este agarró una espada de oro y se rasgó los pañales con ella, ¡se puso de pie y alcanzó la edad adulta en ese mismo instante! Entonces, una luz extraordinaria bañó todo el Egeo. Una bandada de cisnes, venida desde el lejano país de los hiperbóreos, dio siete vueltas alrededor de la palmera, ahora ya sagrada, y todos los olímpicos acudieron a admirar al joven dios de la luz. La pequeña isla en la que había nacido la luz del conocimiento pasó a ocupar el centro del mar Egeo. Las demás islas presentaron sus respetos ante la pequeña isla en la que había nacido la luz divina, formando un círculo a su alrededor, por lo que recibieron el nombre de las Cícladas.**

—¡Se me puso la piel de gallina! —Permaneció en silencio

---

* El texto original emplea el adjetivo *ádelos,* cuyo significado es «invisible», mientras que el adjetivo *delos,* que da nombre a la isla, significa «visible, que brilla, evidente» (*N. de la t.*).

** Del griego *kyklos,* «círculo», en referencia a la curiosa distribución del archipiélago, que parece formar un círculo en torno a la isla de Delos (*N. de la t.*).

durante unos segundos y a continuación me preguntó—: O sea, ¿que Delos es una isla sagrada desde la prehistoria?

—No, yo no dije nada de eso. Eso no podemos saberlo. Este mito surgió de la desbordante imaginación poética de los antiguos griegos en época histórica, muchos siglos después de la prehistoria. Desconocemos si Delos fue una isla sagrada desde la prehistoria. Ni siquiera sabemos si ya entonces estas islas se llamaban Cícladas. Lo que nos interesa es lo que ocurrió allí en la prehistoria.

—Pero ¿qué ocurrió entonces en el Egeo para que se considerase a las Cícladas el centro de la cultura y la civilización? Y ¿por qué despuntó la Edad de Bronce allí para dejar atrás el Neolítico?

—No parece que sucediera nada trascendental, ninguna invasión, ningún altercado, ninguna alteración del orden. El desarrollo cultural fue tranquilo y estable.

—Entonces, ¿por qué la civilización cicládica se considera la primera «gran» civilización de la prehistoria griega?

—Así se decidió por parte de la comunidad científica. Cuando una sociedad rompe con el modo de vida del Neolítico basado en la agricultura y el pastoreo y adquiere ciertos rasgos que la diferencian, la consideramos una «civilización» aparte. Después del año 3000 a. C., los habitantes de las Cícladas desarrollaron una civilización de unas características extraordinarias. Sabemos que poseían un refinado sentido del arte; además nos han legado las hermosas estatuillas cicládicas, hechas con el reluciente mármol de las Cícladas, que resplandece con una luz divina. El Egeo era una especie de avenida inmensa que te llevaba adonde quisieras, de modo que todo lo que necesitabas era un barco, una enorme determinación para enfrentarte al mar abierto, una férrea fuerza de voluntad y el deseo permanente de querer ir más allá. Las Cícladas son un montón de apetecibles porciones de tierra situadas en la gran avenida azul del Egeo. El Egeo siempre ha sido un lugar espléndido.

—Y donde siempre brilla el sol.

—Sí, esa luz del sol que hace resplandecer el mármol del Egeo.

Además, tanto en el mar Egeo como en el resto de Grecia comenzaron a utilizarse cada vez más metales, sobre todo el bronce.

—¿Y eso qué quiere decir?

—Pues que comenzaron a fabricarse herramientas y armas de metal, que son mejores. En general, la vida cambió considerablemente y por todas las islas comenzaron a aparecer asentamientos de población que, a su vez, disfrutaban de ese fantástico paisaje, cultivaban la tierra, comerciaban, tenían contacto con otros habitantes, se comunicaban y viajaban sin cesar. Pero lo que al día de hoy nos sigue impresionando es su principal elemento cultural: las maravillosas estatuillas cicládicas que esculpieron.

—¿Fueron las primeras estatuillas hechas por el hombre?

—No, la humanidad llevaba ya milenios fabricando figurillas hechas de arcilla o de piedra antes de la aparición de la civilización cicládica; de hecho, se han encontrado sencillas figuritas de arcilla o de piedra con forma humana o de animal pertenecientes al Neolítico. Me parece increíble que aquella gente intentara representar todas esas formas. Sin embargo, los cicládicos llegaron a construir, por así decirlo, una enorme «escuela de arte» al crear esas hermosas figurillas de forma humana, que en su mayoría representan a mujeres, aunque también hay hombres y una gran cantidad de músicos. Tienen formas y tamaños muy variados, que van desde las muy pequeñas hasta algunas que son verdaderamente colosales. Por esta razón, la civilización cicládica la consideramos una gran civilización.

—¿Y por qué dices que se trata de una «gran» civilización?

—Porque cuando tu creación artística comienza a ser de alta calidad, significa que superaste la primera etapa en la que solo te preocupaba la supervivencia y que, por lo tanto, puedes centrar tu atención en cosas menos terrenales.

—¡Desde luego que esas estatuillas abstractas tan blancas son realmente preciosas!

—¡No eran blancas! En un principio estaban pintadas, pero con el paso de los siglos los colores desaparecieron.

—Pero si desaparecieron, ¿cómo sabes que antes estaban pintadas?

—Los pigmentos antiguos dejaron residuos en la superficie de las estatuillas que pueden detectarse mediante unas técnicas especiales. Todo esto lo descubrimos gracias a la arqueometría. Hoy en día nos parece de lo más normal que sean blancas y de formas un tanto minimalistas. Además, en la época moderna se convirtieron en objetos tan deseados, que llegaron a ejercer una gran influencia en el arte moderno. Sin embargo, por desgracia, también surgieron decenas de excavaciones ilegales en las que se produjeron grandes destrozos y se causó un daño irreparable, pues lo único que interesaba era encontrar las estatuillas para poder venderlas en el mercado negro del arte a coleccionistas extranjeros.

—¡Vaya! ¿Y tanto daño se causó?

—Sí, un daño incalculable e irreparable. Desconocemos el origen y la procedencia de la mayoría de las figurillas que se conservan en museos de todo el mundo, lo cual es desastroso porque ya no disponemos de la información básica sobre el uso y el significado que tenían estas estatuillas, y quizá podríamos haberlo averiguado si supiéramos dónde y cómo se encontraron.

—Parece que no se sabe mucho acerca de la civilización cicládica, ¿no?

—No, no mucho todavía. Sabemos que la gente vivía en pequeños núcleos de población y que tenía un refinado sentido del arte, lo que se reflejaba en su cultura popular, ya fuera a través de sus estatuillas o de los hermosos vasos de arcilla y mármol que han llegado hasta nuestros días. Sabemos un poco más sobre su tipo de entierros.

—¿Por qué se sabe más sobre sus entierros?

—Por norma general es «más fácil» encontrar cementerios intactos, porque están concebidos para permanecer ocultos bajo tierra. Por el contrario, los asentamientos se crean para satisfacer las necesidades de los vivos, de modo que suelen desaparecer cuando caen en desuso. Investigar en esta zona no es fácil, ya que la mayoría de las islas son de difícil acceso, y los escasos vestigios de aquel pasado lejano fueron destruidos en gran parte durante los siglos posteriores, aunque, por supuesto, continuamos investigando esta gran civilización.

—Entonces, ¿se podrían averiguar más cosas en el futuro?

—Claro que sí; de hecho, en los últimos años se han producido muchos avances. La arqueología es una ciencia cautivadora y a veces rebelde, y en el siglo XXI nos tenía preparada una gran sorpresa sobre la civilización prehistórica de las Cícladas del III milenio a. C. Al sur de Naxos, cerca de la isla Koufonisia, se encuentra una isla llamada Keros, deshabitada desde hace siglos. Pues bien, en esta isla los traficantes de antigüedades solían encontrar grandes cantidades de estatuillas cicládicas, que vendían de manera ilegal a coleccionistas en el extranjero. Todas las figurillas estaban rotas, por lo que en un principio se creyó que los rudos traficantes de arte las rompían para, así, poder vender más piezas.

—¿Y no lo hacían?

—Las excavaciones realizadas en la isla demostraron que no las habían roto los traficantes de antigüedades, sino que las habían roto ya en la prehistoria. Por si fuera poco, el volumen de estatuillas de mármol encontradas rotas en la isla de Keros resultó ser tan elevado, que ahora tenemos más figurillas procedentes de la diminuta Keros que de todas las Cícladas juntas. Al parecer, los habitantes de las Cícladas viajaban desde otras islas hasta Keros para romper deliberadamente allí las estatuillas de mármol que ellos mismos habían fabricado con tanto esfuerzo y esmero.

—¡Vaya misterio!

—Espera, ¡aún hay más! Cerca de la isla de Keros hay un islote rocoso en forma de pirámide llamado Daskalio. Este, en la prehistoria, estaba unido a la isla de Keros formando una península. Las excavaciones revelaron que Daskalio era en realidad una ciudad de mármol construida con cientos de toneladas de mármol blanco cicládico en forma de montaña. Esta ciudad contaba con decenas de imponentes edificios, que brillaban bajo la luz celeste del Egeo: una ciudad de mármol cuya cima probablemente fuera el lugar más sagrado no solo de la isla, sino de todo el Egeo.

—¿Una especie de Delos prehistórico?

—Oye, ¡me gusta cómo suena eso del Delos prehistórico! Pero no se puede demostrar, al menos de momento. Es evidente que Keros y Daskalio tenían una gran importancia y seguramente se puedan averiguar más cosas en el futuro. Pero, volviendo a retomar nuestra historia, sobre las pequeñas islas del Egeo en un momento determinado se cernió la sombra de un gigante que acaba de despertar. Creta, la mayor isla del Egeo, subió al escenario, le arrebató el micrófono a las Cícladas y les dijo: «Siéntense, Cícladas. Les voy a enseñar lo que significa ser una auténtica estrella».

—¿Te refieres a la Creta minoica?

—Sí.

—¡Recuerdo que la descubrió Evans!

—Sí, la dio a conocer Arthur Evans.

—¿Fue Evans el «primer arqueólogo»?

—¡No, por supuesto que no! ¿De dónde sacas eso?

—Bah, por si acertaba... ¿Y quién fue el primer arqueólogo?

Resoplé y decidí hablarle un poco más sobre la historia de la ciencia.

DATO CURIOSO
¿QUIÉN FUE EL PRIMER ARQUEÓLOGO?

—Verás, no hubo un primer arqueólogo, porque la arqueología se fue creando poco a poco. En un principio no se trataba más que de sentir admiración por la Antigüedad, por lo que los arqueólogos eran, al igual que hoy en día, personas fascinadas por el pasado. Pero, sin duda, hubo pioneros que dieron algunos pasos importantes y que elevaron la arqueología casi a la categoría de ciencia.

—¿Por ejemplo...? Nombra a alguno.

—Viajemos aproximadamente hasta el año 1400 d. C. En una pequeña ciudad de la Italia medieval, Ancona, vivió una familia de mercaderes cuyo hijo predilecto se llamaba Ciriaco. Ciriaco de Pizzecolli era curioso por naturaleza y se podría decir de él que fue el primero en sentir un amor desaforado por la Antigüedad clásica, así que abandonó su hogar y se marchó a recorrer el mundo en busca de antigüedades en medio de la oscuridad de la Edad Media, una época en la que a nadie se le hubiera ocurrido hacer algo así. Se le suele conocer con el nombre de Ciriaco de Ancona.

—¡El nombre de Ancona parece griego! —dijo asombrado.

—Efectivamente, nos puede sonar a la palabra griega *ankóna,* que significa «codo», pero no deriva directamente de ahí, sino que Ancona es el nombre que le pusieron sus antiguos fundadores procedentes de Siracusa.

—Pero y, entonces, ¿de dónde viene el nombre de Ancona?

—Pues del griego clásico *ankón,* «codo», porque su bahía tenía una posición en forma de codo que favorecía de manera natural la construcción del puerto y servía para proteger los barcos.

—¡Seguro que allí hablan hasta por los codos! —Soltó una carcajada. Le devolví una sonrisa.

—Sea como fuere, el caso es que Ciriaco creció entre las ruinas y las antigüedades de su barrio y alrededores, ignoradas por todos excepto por él, que se moría por saber qué eran aquellos restos y qué podía haber sucedido allí en el pasado. Tanto le picaba la curiosidad que decidió averiguarlo, así que comenzó a excavar con el fin de descubrir más antigüedades. Hasta que un día dejó atrás su tierra natal y se puso a viajar por todo el Mediterráneo, donde exploró muchos lugares. Además, iba anotando en su diario todo lo que veía. ¡Llegó a escribir seis volúmenes completos! Gracias a Ciriaco muchos recintos arqueológicos y monumentos fueron localizados e identificados por primera vez. Se podría decir que puso su particular granito de arena en el terreno de la arqueología. Si te estás preguntando qué regalo nos hizo, la respuesta es muy sencilla: sus numerosas notas y bocetos. Desgraciadamente muchas de las antigüedades con las que se topó fueron destruidas más tarde; sin embargo, gracias a Ciriaco podemos hacernos una idea de cómo eran. Algunos lo llaman el Padre de la Arqueología.

—De acuerdo, no existió un primer arqueólogo... pero ¿tampoco hubo un primer yacimiento arqueológico?

—¡Por supuesto que lo hubo!

Se sorprendió. No esperaba esta respuesta.

—El primer «yacimiento arqueológico oficial» se crearía muchos años después y salió a la luz por casualidad. Me estoy refiriendo a las ciudades construidas en las faldas del Vesubio, cerca de Nápoles, en la región italiana de la Campania. Las más importantes son la antigua Heraclea, hoy en día llamada Herculano, y Pompeya. Seguramente conozcas la historia. Se trataba de pequeñas y tranquilas ciudades de provincia, con sus tiendas, sus opulentas villas, sus termas y sus tabernas, y que, además, contaban con un anfiteatro y un odeón para el entretenimiento. Hasta que un día de agosto del año 79 d. C., el volcán Vesubio estornudó un poco más fuerte que de costumbre y todas las personas que hasta ese mismo instante se encontraban en la calle saludando a sus vecinos, sintiéndose diferentes los unos de los otros, por ser ricos o pobres y por llevar vidas muy distintas, en pocas horas murieron todas juntas. Todos ellos, sin distinción, fueron sepultados por una gruesa capa de ceniza que mantuvo todo intacto a lo largo de los siglos. Hasta que en el siglo XVIII un vendedor de flores que estaba cultivando plantas en su pueblo, que justo estaba situado encima de esas ciudades antiguas sin que se supiera, mandó a sus tres hijos que cavaran la tierra a más profundidad, porque se había secado el pozo que tenían. En cuanto comenzaron a cavar, surgieron también los primeros hallazgos arqueológicos. La aristocracia de la zona se hizo eco de la noticia, mostrando una inclinación especial por los nuevos hallazgos y deseosa de que se encontraran más estatuas y se desenterraran antiguos tesoros. Además, todos esos descubrimientos gozaron de una gran aceptación, porque tras el Renacimiento se experimentó un gran interés por la cultura y la Antigüedad clásica. Y así fue como la humanidad comenzó a sentirse atraída por el pasado.

—La verdad es que he visto a arqueólogos excavar con tanto cuidado que incluso utilizaban cepillos pequeños. ¿Lo hicieron así en Pompeya y Herculano? ¡No me digas que ya se realizaban excavaciones con tanta delicadeza!

—¡Qué va! Excavaron con pocos miramientos y un tanto a lo bruto. No tenían muchos conocimientos, todo era nuevo y no se tuvo en cuenta ningún criterio científico.

—¿Y cuándo comenzaron a realizarse las excavaciones de forma más rigurosa?

—Buena pregunta. Fue poco después. Por poner un ejemplo, situémonos un poco más adelante, a finales del siglo XVIII, concretamente en los recién nacidos Estados Unidos de América, donde Thomas Jefferson, el tercer presidente de Estados Unidos, llevó a cabo una de las primeras excavaciones que podríamos considerar como científica.

—Pero ¿qué tiene que ver Jefferson en todo esto? Si en América no había antigüedades clásicas.

—Evidentemente no las había, pero, como ya comentamos antes, una cosa es la arqueología y otra muy distinta la Antigüedad clásica, y dondequiera que haya presencia humana, ahí está la arqueología.

—Ya, pero se supone que estamos hablando de la Antigüedad griega.

—¡Claro que sí! Pero como ahora estamos hablando de la historia de la arqueología como ciencia, pues tenemos que alejarnos brevemente de los confines de la Antigüedad griega, pero ¡solo un momento! Lo justo para que puedas comprender cómo se estaba construyendo la ciencia en general en todo el mundo. Después ya nos centraremos de nuevo en la antigua Grecia. Verás, Thomas tenía algunos terrenos en los que habían aparecido unos túmulos funerarios, es decir, unas colinas artificiales bajo las que se escondían unas tumbas muy opulentas. Hasta entonces, el hombre blanco que había llegado a América lleno de sueños y también de arrogancia, no podía ni tan siquiera imaginar que la población indígena con la que se había topado hubiera podido erigir en algún momento pasado unos túmulos funerarios tan complejos. De este modo se atribuyó su creación a algún tipo de civilización desarrollada y desconocida que, según ellos, debía de haber sido anterior a la llegada de los indios. Thomas, sin embargo, fue el primero que se atrevió a contradecir esa teoría y a pronunciar un rotundo y científico: «Bueno, ¿y tú qué sabes?». Y comenzó a realizar excavaciones en los túmulos que había en sus terrenos. Llegó a encontrar bajo tierra al menos mil tumbas con hallazgos significativos propios de esa cultura autóctona. Thomas no era racista.

—¡Bien hecho, Thomas!

—Sí, tanto para la ciencia como para la humanidad. Más o menos por entonces un niño alemán llamado Johann Joachim Winkelmann...

—¡Vaya nombre! No sé cómo te puedes acordar...

—Sí, desde luego no es el mejor nombre para triunfar en el mundo del espectáculo, pero tenía un alma viajera, que lo llevó hasta Italia, donde pudo ver las primeras colecciones de estatuas antiguas que salían a la luz. Winkelmann cayó rendido a los pies del arte antiguo, tanto griego como romano. Se quedó prendado y fue él quien sentó las bases del estudio del arte clásico como disciplina. Así que algunos también se refieren a él como el padre de la arqueología, al menos de la clásica.

—¿Y qué pasa con la prehistoria? ¿La dejaron sin padre?

—¡Qué va! En el norte de Europa había un muchacho danés al que le encantaba realizar excavaciones y hallazgos, se llamaba Christian Jürgensen Thomsen.

—Vaya, ¡otro nombre de artista! ¿Y él qué hizo?

—Thomsen, en el lluvioso y frío norte de Europa, no podía encontrar ni deslumbrantes estatuas, ni templos antiguos, ni siquiera tenía fuentes escritas a las que poder recurrir para investigar el pasado de su entorno. Sin embargo, puso todo su empeño en sentar las bases del estudio del pasado remoto y desconocido de la humanidad. Los textos históricos están muy bien, pero ¿qué hacemos cuando carecemos de fuentes históricas?, ¿nos rendimos? Thomsen fue quien encendió esa primera linterna que iluminó la profunda oscuridad de la prehistoria y que serviría de detonante para que la humanidad descubriera su pasado. A él le debemos la división de la prehistoria en tres periodos: la Edad de Piedra, la Edad de Bronce y la Edad de Hierro. Algunos lo han llamado...

—Déjame adivinar... el padre de la arqueología.

—¡Así es! Y otro, un joven francés, Jacques Boucher de Crève-coeur de Perthes...

—¡Los nombres no dejan de sorprenderme! ¿Es que no había nombres más pegadizos, como Cher, Sting, Juan, María?... ¡Qué sé yo!

—¿Me dejas que siga?

—Sí, por favor. —Apretó los labios y me miró a los ojos.

—Pues bien, este último descubrió unos esqueletos humanos y herramientas de piedra que yacían junto a huesos de elefantes e hipopótamos en el norte de Europa, y que se habían extinguido en esa zona hacía milenios, y se atrevió a preguntar: «Chicos, ¿qué es todo esto? ¿Es que el hombre existió antes de lo que habíamos pensado hasta ahora?». Como era de esperar, esas preguntas tan incendiarias sacudieron bruscamente los cimientos de la narración bíblica sobre la creación. A este no lo han llamado padre de la arqueología, pero, sin duda, su contribución fue de enorme importancia.

—¡Menos mal que no lo llamaron padre de la arqueología! Demasiados padres, ¿no te parece?

—Deja a un lado las pruebas de paternidad. La paternidad individual no es tan importante como que todos ellos sentaron las bases de la arqueología.

—¿Es que esta pobre ciencia no tenía madre?

—La verdad es que la arqueología surgió en un mundo dominado por los hombres. Más tarde, cuando las mujeres con mucho esfuerzo lograron hacerse un hueco en el campo de la ciencia, muchas de ellas destacaron. Es el caso de la estadounidense Harriet Boyd, que fue la primera mujer en situarse al frente de su propia excavación en Grecia, concretamente en Creta antes de la Segunda Guerra Mundial.

—¿Fue la primera arqueóloga?

—¡Qué va! Pero sí fue la primera en dirigir su propia excavación en suelo griego. Hasta entonces las mujeres habían sido víctimas del sexismo de la época, y estaban relegadas al estudio en las bibliotecas o al ámbito más teórico de la ciencia y, por supuesto, a menudo estaban condenadas a la invisibilidad. Bueno, en el mejor de los casos se convertían en ayudantes de excavación y, desde luego, ¡siempre en la sombra! El ejemplo más ilustrativo de ello es el de Mary Ross Ellington, quien, también antes de la guerra, trabajó en la excavación de la antigua Olinto en la península de la Calcídica, donde consiguió reunir y estudiar una enorme cantidad de material. Sin embargo, su compañero arqueólogo, que había participado en la excavación junto a ella, ¡publicó el trabajo de Mary Ross como si fuera de él! Mucho más tarde se supo y se difundió la noticia de que había sido ella quien lo había realizado. Afortunadamente hoy en día el sexismo en la ciencia está prácticamente erradicado.

—¿No del todo?

—No, al igual que sucede en la sociedad, desgraciadamente aún no hemos acabado por completo con él en el campo de la ciencia. Más allá de lo evidente, se manifiesta de muchas otras formas. Pero no nos vayamos por las ramas, que hace tan solo un momento me dijiste que querías que te hablara de la Antigüedad griega. Y ni siquiera hemos terminado todavía con la prehistoria.

—Es verdad, ¿dónde nos habíamos quedado?

—En la Creta minoica.

3
ESE TORO ENAMORADO DE LA LUNA

LA CIVILIZACIÓN MINOICA

Hice un movimiento con la mano, como si estuviera tomando un micrófono:

—Atención, señoras y señores, nos encontramos más o menos en el año 2000 a. C. y es ahora cuando llegó el momento de que entre en escena la gran estrella, de que suba al escenario la verdadera protagonista del espectáculo, ¡la gran diva!, la Maria Callas de la prehistoria griega: ¡la Creta minoica! Llegó a tener tanto éxito que... ¡incluso lanzó su propio disco! El disco de Festos, que durante miles de años encabezó el *ranking* de las listas de éxitos. Pero tenemos algún que otro problemita con la letra de su disco, porque seguimos sin entender lo que dice, aunque esperamos poder resolverlo algún día. Si de todos modos sigues preguntándote por qué este álbum continúa gozando de tanta fama, debes saber que nunca fue disco de platino, sino que siempre fue pequeño, que está hecho de arcilla y que se encontró tirado en el suelo de un almacén del palacio de Festos. Al día de hoy continuamos sin poder leer sus caracteres.

—¿Por qué dices eso? Una vez leí que alguien había conseguido descifrar lo que ponía.

—Eso no es verdad.

—Pero ¿por qué eres tan tajante? ¿Y si tiene razón? ¿Tú para qué crees que servía el disco de Festos?

—No te voy a decir lo que creo porque es irrelevante, pero sí te diré por qué no tiene importancia lo que yo o cualquier otra persona pensemos a título personal. Que alguien tenga una idea no es suficiente, ya que además debe ser capaz de poder demostrarla. Desgraciadamente no se ha encontrado en ningún otro lugar una escritura como la que aparece en el disco de Festos, de modo que la muestra que tenemos es demasiado pequeña para sacar conclusiones fehacientes. Por ejemplo, si un experto en la materia da una opinión personal, al no poder verificarla, esta tampoco se da por válida. Solo si algún día aparecen más textos escritos en el mismo tipo de escritura, podremos albergar alguna esperanza. Hasta entonces cualquiera puede dar su opinión, y tiene todo el derecho a hacerlo, pero, si no puede demostrarla con evidencias y convencer a la mayoría de la comunidad científica, la opinión no se dará por buena.

—¿Y por qué tiene que ser así? ¿Por qué esa opinión no se tiene en cuenta?

—Porque las Humanidades funcionan así. Siempre habrá gente que opine de diferente manera. Un científico debe publicar los resultados de la investigación que realizó, después esos resultados deben ser examinados por otros expertos, y si se consideran concluyentes y son aceptados por la mayoría, entonces se dan por válidos. Sin embargo, que alguien diga que descifró el disco de Festos no puede considerarse más allá de una opinión personal. Sin duda, desde mi punto de vista, lo que resulta más extraordinario es que el disco está «impreso», es decir, que cada carácter se hacía con un molde que se presionaba sobre la arcilla tantas veces como fuera necesario. Exactamente igual que funcionaría la imprenta muchos siglos después.

—¿Y por qué la comunidad científica no ha dado por buena hasta ahora ningún tipo de lectura posible del disco?

—Porque no han aparecido otros textos como el del disco de Festos que puedan ayudar a descifrarlo, así que no se puede aceptar ninguna interpretación de las que existen hasta ahora. El disco es muy pequeño, y todas las interpretaciones posibles tienen en teoría el mismo valor, por lo que todas continúan sin poder confirmarse.

—Además de esta historia del disco de Festos, ¿qué más pasó en Creta?

—La tierra mágica de Creta también contaba con un suelo muy fértil que gracias a la agricultura proporcionaba unos frutos excelentes. La isla era totalmente autosuficiente, y eso la benefició. Además, sus habitantes ya habían aprendido a dominar el oleaje y las embarcaciones minoicas surcaban el Mediterráneo oriental.

—¿Barcos de pesca?

—¡Nada que ver! ¡Una verdadera flota! Se suele hablar de la «talasocracia minoica» en el Egeo. Los minoicos estaban al tanto de lo que ocurría en Oriente: de los palacios, las grandes civilizaciones, de su avanzado progreso y su arte. No sabemos cómo se denominaban a sí mismos los minoicos, pero sí sabemos que los egipcios los llamaban *keftiu*.

—Ah, pero ¿habían establecido contacto regular con zonas tan alejadas?

—Pues claro que sí, y probablemente con muchos y muy diversos pueblos. Seguramente con ellos intercambiarían productos, comerciarían y concertarían matrimonios.

—¿Matrimonios? ¿De qué tipo? ¡Seguro que no lo dijiste por casualidad!

—Es cierto, no lo mencioné al azar... —Sonreí con malicia—. Pero te lo contaré un poco más adelante, te vas a quedar helado, porque seguro que no te lo esperas. ¡Ten un poco de paciencia! La Creta minoica, como te estaba contando, se fijó en lo que ocurría en el resto del mundo y se inspiró en él, pero lo hizo a su manera: con mimo, con delicadeza, con su estilo mediterráneo y, sobre todo, con buena comida y amor por la naturaleza. Era la gran diva de la Antigüedad. Construyó palacios, ¡y qué palacios! ¡Eso sí que eran palacios! En torno al año 2000 a. C. se construyó la primera tanda, es la llamada época protopalacial. Unos treinta años después, en la denominada época neopalacial, los reconstruyeron haciéndolos aún más grandes, más señoriales, en Cnosos, en Festos, en Malia, en Zakros...

—¿Por qué Cnosos se hizo más famoso que los demás?

—Ningún otro palacio minoico ha podido competir a lo largo de la prehistoria y durante muchos siglos después en tamaño, riqueza y esplendor con Cnosos, que fue, además del primero de todos ellos, el más grande. Había escaleras y plazas, almacenes enormes, espacios reservados para celebraciones, baños, calles pavimentadas, sistema de canalización de agua y alcantarillado, ¡e incluso inodoros con cisterna!

—Digamos, que no le faltaba detalle.

—¡Sí le faltaba algo! Algo que resulta muy llamativo. Algo que hace que la civilización minoica resulte aún más fascinante. Y es que no había muros defensivos alrededor de sus majestuosos palacios.

—¿Y eso qué significa?

—Pues que su autoridad central era tan fuerte y exitosa, y su sistema político y cultural tan estable y fuerte, que sus habitantes no percibieron ninguna amenaza, ni tampoco vieron la necesidad de defenderse construyendo altos muros alrededor de los núcleos urbanos para protegerse. Y como no podía ser de otra manera en aquel entorno de prosperidad, ¿qué se te ocurre que puede haber florecido?

—Se me ocurre que unos cuantos almendros a los que varear, aunque ya me imagino que no va por ahí la cosa... De todos modos, si llevaban esa vida tan tranquila sin que los molestara nadie, debían estar todo el día armando alboroto.

—No sé si estaban armando alboroto siempre, pero era gente civilizada. En primer lugar hacían deporte, se inspiraron en las prácticas deportivas de los pueblos orientales y crearon las propias, como por ejemplo la taurocatapsia y muchas acrobacias más.

—¿Qué es eso de la taurocatapsia?

—Un deporte que se practicaba entonces. Soltaban un toro, lo dejaban correr por la plaza e intentaban saltar por encima del lomo realizando una acrobacia y una pirueta, y caer al otro lado. Además, también les gustaba mucho el arte, que experimentó un enorme auge. Realizaron obras de arte excelentes y de grandes dimensiones, pero también supieron llevar la perfección al terreno de la pequeña artesanía. Nos han llegado hasta hoy unas minúsculas joyas refinadísimas que te hacen pensar: ¿cómo no se quedó ciego el que las hizo? Además de joyas, tenían unos murales de una belleza exquisita, pintados con colores vivos y vibrantes que parece como si los hubieran pintado ayer mismo.

—Sí, ya me acuerdo de los murales. Son impresionantes.

—Pues bien, ahora que hablamos de los murales, vamos a retomar el tema de los matrimonios que antes te comenté entre los reyes de Cnosos y los faraones de Egipto. En un palacio de Egipto, en el yacimiento arqueológico de Tell el-Dab'a, se encontraron frescos minoicos.

—¿Minoicos de verdad?

—Al menos tan parecidos que o fueron pintados por artistas minoicos o por artistas que sin ninguna duda tenían un gran conocimiento del arte minoico, porque, al margen del estilo, aparece reflejada la taurocatapsia.

—¿No me digas? ¿Y eso qué quiere decir?

—Verás... Los miembros de las casas reales de aquella época, e incluso más tarde, se casaban entre sí para establecer relaciones diplomáticas. Así que es muy probable que tuviera lugar una gran boda real entre un egipcio y una princesa minoica.

—¿Y ella se llevaría a sus propios artesanos?

—Probablemente, para que su nuevo hogar le recordara a su tierra natal.

—¿Y se llevó algo más?

—¡Eso no lo podemos saber! Solo nos lo podemos imaginar.

¿Te das cuenta de cómo la arqueología puede ser una excusa para estimular tu imaginación y hacerte pensar en situaciones en las que nunca antes habías reparado?

—Sí, la verdad es que nunca me había imaginado a los minoicos bailando encima de unos toros en Egipto.

—Imagínate a la princesa subiendo al barco, nerviosa, contemplando desde el puerto las hermosas montañas de Creta. Seguramente habría guardado en baúles todos los objetos personales que deseara llevarse consigo, quizá su vestido favorito o algún juguete de la infancia... Algo a lo que aferrarse durante su viaje hacia lo desconocido. Tampoco sabemos si sabía con lo que se iba a encontrar: un marido que era un extraño, que hablaba una lengua diferente y adoraba a dioses distintos que tenían forma de enormes hombres de piedra con cabeza de animal, y ciudades amuralladas y palacios gigantescos, y un río tan grande como el mar que atravesaba llanuras arenosas hasta donde alcanzaba la vista. ¡Iba a un lugar donde repentinamente brotaban de las dunas de arena unas moles de piedra de forma extraña, con cuatro lados que se unían y que apuntaban hacia el cielo! Tan grandes que no se podía creer que hubieran sido construidas hacía miles de años, porque para ella, lo más grande e importante que hasta entonces había en el mundo era la plaza central de Cnosos, donde se reunían para ver las acrobacias que se realizaban sobre los toros.

—Oye, cuando lo cuentas así, es verdad que un descubrimiento antiguo cobra una dimensión más humana. De pequeño estuve en Cnosos, pero no me imaginaba que en las fiestas bailaran y saltaran sobre toros.

—Sí, pero los minoicos no solo se dedicaban a entretenerse en bodas y festivales, hicieron muchas cosas más. Llegaron incluso a crear un tipo de escritura para poner en orden sus finanzas públicas, porque si no hubieran tomado al menos algunas notas, ¿cómo hubieran sido capaces de administrar semejantes palacios y cómo hubieran sido posibles todas las conexiones que habían establecido? Nuestra memoria es limitada y además no podemos evitar cansarnos, ni siquiera podemos retener la contabilidad de tan solo un año. Así que en un principio comenzaron utilizando la escritura jeroglífica...

—¿La egipcia?

—No, ¡qué va! Se trata de jeroglíficos cretenses, denominados así porque se asemejan a los egipcios. Sin embargo, ese tipo de escritura pronto evolucionó hacia otro más complejo, el llamado Lineal A.

—¿Se sabe qué tipo de lengua era?

—No te confundas, en primer lugar, una cosa es la escritura y otra muy distinta es la lengua. Hay que saber diferenciarlas. Una lengua puede expresarse por escrito utilizando diversos tipos de escritura. Y respecto a lo que preguntas, la respuesta es no, desgraciadamente no sabemos qué lengua es la que aparece escrita en el Lineal A, ni se ha podido descifrar todavía. Entendemos algunas cosas, sobre todo los símbolos numéricos, pero en general aún no somos capaces de entender lo que pone. Así que queda reservado a los futuros investigadores.

—Es que Creta tiene un glamur, ¿eh? ¡Es toda una seductora!

—Sí que lo es. Además, esconde muchos más misterios. No es casualidad que todavía hoy en día nos siga cautivando. Fíjate, en la Creta minoica también había mujeres que se iban de fiesta y, ¡listo, a vivir la vida! Oye, y si se presentaba la oportunidad, se echaban un par de serpientes bajo el brazo y daban un paseo en *topless*.

—¿Y por qué iban medio desnudas y con serpientes?

—¿Y por qué no?

—Pero ¿qué clase de respuesta es esa?

—¡Te estoy bromeando! Lo cierto es que no tenemos una respuesta concreta para esos ídolos femeninos de pecho descubierto y con serpientes, tampoco sobre la religión e ideología minoicas, ya que no disponemos de fuentes escritas al respecto, ¡y como comprenderás es más que atrevido dar por válidas nuestras conjeturas!

Pero a partir de todos estos elementos suponemos que se trata de la expresión de una compleja filosofía de vida y de religión, lo que ya es en sí mismo digno de admiración. Claro está que esto originó numerosos mitos, así que no es fortuito que, según la mitología, fuera en Creta donde nació Zeus.

—¿En época minoica?

—Eso no lo sabemos. Sin embargo, en época histórica todo el mundo helénico reconocía la isla de Creta como la patria del padre de los dioses. Verás cómo se desarrollan los hechos: el oráculo le había vaticinado al supersticioso Cronos, el padre de Zeus, que uno de sus hijos le arrebataría el trono. Pero como todavía no existían los anticonceptivos, hizo lo que le pareció mejor: devorar a todos sus hijos vivos. De una sentada estaban todos en su estómago. No tenía otra alternativa. ¿Qué iba a hacer? ¿Perder el trono? ¡De ninguna manera! Entonces su esposa, Rea, después de varios partos que acabaron convertidos en el almuerzo de su fértil marido, decidió esconder a Zeus, el menor de sus hijos, en una cueva de Creta. Cuando Cronos le pidió que le entregara al recién nacido para comérselo, ella le sirvió una piedra envuelta en pañales, como si fuera un taco mexicano, y se la dio a comer. Como el pequeño Zeus era un llorón, para que Cronos no pudiera oír su llanto, cada vez que lloraba acudían los Curetes —unas divinidades menores de la isla que también eran guerreros— y entrechocaban sus escudos fingiendo luchar para tapar el llanto del bebé y que, así, su abominable y glotón padre no lo oyera.

—¿Y no se le ocurrió a nadie que el bebé se echaba a llorar porque se habían metido en la cueva un montón de hombres haciendo el ridículo y golpeando sus armas?

—¡Oye, no me pidas conocimientos de psicología olímpica infantil! Finalmente, Zeus, amamantado por la cabra Amaltea, creció y se convirtió en un joven que decidió conquistar el mundo. Hizo que su padre vomitara a sus hermanos, que, aunque estaban cubiertos de jugos gástricos y atontados por las difíciles condiciones de vida en las entrañas de su padre, se recuperaron rápidamente y permanecieron junto al joven Zeus en la guerra que este libró contra su padre y sus tíos, los demás Titanes, hasta que vencieron y entregaron el reino a Zeus. El nuevo soberano, en el apogeo de su fama, quiso aprovechar su popularidad y se lanzó a la conquista del género femenino. Marchó hasta Fenicia y, después de haber adoptado la forma de un toro, raptó a una joven muchacha llamada Europa, a la que se llevó de vacaciones a Creta para que descansara y se relajara. De esta hermosa amante de Zeus recibe el nombre el continente en el que estamos: Europa.

—Pues menos mal que se llamaba Europa y no Fulanita, si no hoy en día estaríamos hablando de la Unión Fulanita y de su moneda el fulanito.

—En esta misma gran isla reinaba el poderoso rey Minos, cuya esposa se enamoró perdidamente de un toro y de cuya unión nació el Minotauro, mitad hombre y mitad toro, que como te puedes imaginar no estaba bien de la cabeza. Bien, este niño procedente de una familia disfuncional probablemente padecía algún tipo de síndrome que no le diagnosticaron a tiempo, así que acabó comiéndose a todo ser humano que se le pusiera por delante. Los restantes capítulos de este telenovelón minoico son de sobra conocidos. El fanfarrón de Teseo entró ilegalmente en el país, mató al Minotauro, se llevó consigo a Ariadna, la hija del rey, y se largó. «Vienen los forasteros y se llevan nuestras mejores chicas», murmuraban las minoicas de lengua venenosa con sus lujosos vestidos en las calles de Cnosos.

—Oye, arqueólogo, ¿a que no sabes cómo me imagino la civilización minoica? Gente muy guapa, sin guerras, cantando y bailando entre flores. Sin complejos, con chicas en *topless* yendo y viniendo de aquí para allá. ¿Acerté? ¿Era una sociedad ideal, amante de la naturaleza?

—¡No eran tan *hippies*! ¡Se enterraban con armas! ¿Con qué motivo iban a tener armas si no hubieran tenido nada que ver con la guerra? ¿Cuánto tenían los cretenses de John Lennon y Yoko Ono? No olvides que la imagen que tenemos de la civilización minoica es la que Arthur Evans nos quería transmitir, y la que lo hizo famoso. Además, sabemos que los minoicos no eran unos inocentes «melenudos con flores». Nos consta que incluso realizaban sacrificios humanos.

—¡Imposible!

—¡Pues así era! Te informo que gracias a un fortuito capricho del azar se descubrió el santuario Anemospilia, situado en el monte Juktas y que fue destruido por un terremoto. En una de las estancias del templo se encontraron tres esqueletos. Dos de ellos, un hombre y una mujer, murieron a causa de un terremoto y del consiguiente incendio. Pero resulta que el tercer esqueleto, perteneciente a un hombre joven, yacía con el pie atado sobre una mesa de piedra a modo de altar y encima del altar había un cuchillo. Así que, probablemente, en un momento en el que se produjo una actividad sísmica intensa, se decidió sacrificar a este joven para aplacar a los dioses. Y justo cuando se estaba realizando el sacrificio se produjo un terremoto que causó el desplome del edificio.

—Pero ¿todo esto no estropea la imagen que tenemos de nuestros antepasados? ¿No es un poco... como si los estuviéramos estigmatizando?

—¿Y por qué tenemos que tener una imagen del pasado impoluta? ¿O es que los humanos de ahora somos mejores que los de antes? La respuesta es no, así que por qué tendrían que haberlo sido los de entonces. ¿Es que no podemos seguir impresionados por sus logros, independientemente de sus inevitables defectos humanos? Eran tiempos muy duros. ¿Acaso le hablarías a un hombre prehistórico de la mala accesibilidad que tiene un templo para personas con movilidad reducida? ¿No sería un poco absurdo?

—Sí, supongo que sí. Cambiando de tema, ¿sabes lo que me vino a la cabeza mientras me hablas de Creta? Las islas Cícladas... ¿Había desaparecido ya su civilización?

—¡Claro que no! Todo lo contrario, solo que en esa época las Cícladas parece ser que estaban bajo la influencia de Creta.

—¿Qué tipo de influencia? ¿Política, económica, cultural?

—Probablemente de todas a la vez, aunque cultural, sin ninguna duda. Tenemos el ejemplo de la isla de Santorini, cuyo volcán erupcionó más o menos a finales del siglo XVII a. C. Se volvió loco y empezó a dar rugidos, así que sus habitantes tuvieron que huir deprisa y corriendo, por eso no hemos encontrado ningún cadáver como consecuencia de la erupción... al menos no todavía.

—¿Cómo que todavía no? ¿Es que aún no se ha excavado todo el yacimiento?

—¡Por supuesto que no! Solo una parte. Bueno, el volcán entró en erupción y lo arrasó todo, ya se sabe... Los volcanes tienen problemitas gestionando su ira, así que cuando se enojan estallan a lo bestia, de modo que la ceniza volcánica cubrió toda la ciudad antigua de lo que hoy es el yacimiento de Acrotiri. Este yacimiento sacó a la luz una sociedad con un nivel de vida que no esperábamos.

—¿Una especie de Pompeya prehistórica?

—Exactamente, una especie de Pompeya prehistórica. Se encontraron calles y plazas, barrios con hermosos edificios de dos plantas bien cimentados y que disponían de toda clase de comodidades en su interior. Las paredes de las casas estaban decoradas con magníficos frescos pintados en tonos pastel o magnolia, no como los apartamentos de hoy en día en los que colgamos un par de cuadros, un bodegón y un paisaje marino. Las casas disponían de muebles exquisitamente tallados, una cerámica preciosa y el nivel de vida era envidiable. Todo esto se ha conservado gracias a la erupción del volcán de Santorini.

—¿El que destruyó la civilización minoica?

—No destruyó la civilización minoica. Ese mito se desmintió hace ya décadas. Seguramente se vio afectada por él, pero no la destruyó.

—Entonces, ¿qué fue lo que acabó con la civilización minoica?

—Ninguna «civilización» cae de la noche a la mañana por una sola causa. En un momento determinado, por razones que desconocemos y sobre las que solo podemos hacer conjeturas, se produjo en Creta una invasión procedente de la península helénica. Mientras la primera prosperaba, la Grecia continental comenzaba a darle la vuelta a la introversión que la había caracterizado durante tanto tiempo. Alrededor del año 1600 a. C. surgió una nueva civilización que contaba con una clase aristocrática, un ejército y muchas ansias de conquista. El mundo micénico, que en origen abarcaba el sur de Grecia, construyó sus propios palacios y se expandió en todas direcciones. Y bien sea por su actividad comercial o bien por su ejército, se extendió por todo el suelo heládico, el Egeo, Creta y la costa de Asia Menor. Creta, con su agradable y elevado estilo de vida, suponía una tentación para los griegos micénicos como forma de inspiración, pero también como conquista.

—Para los arqueólogos todo son suposiciones. No hacen más que imaginar para qué servía el disco de Festos, por qué cayó la civilización minoica... ¿Es que no se pueden dedicar a excavar y averiguar de una vez qué pasó?

—¡Ojalá fuera tan sencillo, amigo mío! La arqueología no consiste solo en excavar.

—¿Qué quieres decir?

Dato curioso
¿Qué quieres decir con eso de
«no consiste solo en excavar»?

—La arqueología no consiste solo en excavar para ver lo que se esconde bajo tierra. Eso ya se realiza en las excavaciones. El proceso científico comienza antes de la propia excavación y, con toda certeza, se prolongará mucho tiempo después; y es ahí donde radica su esencia, en la interpretación que se le dará a los hallazgos realizados.

—¿A qué interpretación te refieres? ¿Es que los objetos que te encuentras no te «hablan»?

—¿Estás loco? Aún no conozco a nadie que después de haber arrimado la oreja al suelo o a un vaso le hayan respondido. No hablan, no sueltan prenda, ¡ni mu! Además, tienen una cosa mala, muy pero que muy mala, y es que suelen estar de acuerdo con todo lo que les decimos. Si lo que quieres es que los datos que tienes concuerden con la teoría que te creaste en la cabeza, encontrarás la manera de conseguirlo. En conclusión, al margen de lo que nos encontremos bajo el suelo, está la gran cuestión de cómo lo vamos a interpretar.

—Pero ¿tan complicado es?

—Verás, hace muchos años la arqueología era una ciencia muy rudimentaria, casi ingenua. Se podría decir que era una ciencia inexperta. Cuando alguien encontraba algo, lo interpretaba a primera vista y seguía adelante con lo primero que se le pasaba por la cabeza, o si no, simplemente, se sentaba a admirar las hermosas pequeñeces que se iban sacando de la tierra. Por ejemplo, si alguien encontraba un vaso que parecía griego antiguo o celta, automáticamente se pensaba que ahí habían vivido griegos o celtas. A este tipo de planteamiento podríamos considerarlo de tipo histórico-cultural.

—Está bien, pero ¿qué hay de absurdo en ello?

—Pues que no es un planteamiento para nada riguroso, sino

una simplificación llevada al extremo y que, de hecho, se ha demostrado que es muy peligroso. En primer lugar, porque este tipo de lógica se utilizó como justificación ideológica para que algunos pueblos reclamaran territorios, tierras y herencias, con el fin de defender una política imperialista. En segundo lugar, porque dejaba de lado la esencia y la grandiosa complejidad de la civilización humana en su conjunto.

—Sigo sin entender por qué cuando se encuentra en algún sitio un vaso griego antiguo no quiere decir que allí hayan vivido griegos.

—Te lo explicaré con un ejemplo. Si en el futuro alguien realizara una excavación en mi casa, encontraría objetos de Japón, de Alemania, de Italia, de Turquía, de Corea y de muchos lugares más, pero muy pocos griegos. Y, sin embargo, nunca ha vivido en mi casa nadie de estos sitios; es más, ni siquiera la han pisado. Imagínate, si alguien tuviera que adivinar mi nacionalidad a partir de los objetos que tengo en mi casa, ¡me quedaba sin identificar! O en el caso de que la mayoría de mis electrodomésticos fueran coreanos, porque los hubiera comprado en oferta, se creerían que soy coreano. ¿Te parece que tiene sentido? Te pondré otro ejemplo más que muestra hasta qué punto es peligroso este planteamiento. Durante el ascenso y el dominio del nazismo en Alemania, la arqueología se utilizó hasta la saciedad como excusa y justificación moral de los nazis y sus partidarios para reclamar como suyos los territorios donde aparecían yacimientos antiguos pertenecientes a tribus germanas, aunque estos estuvieran fuera de Alemania, como por ejemplo en Polonia. Todos sabemos cómo acabó esta historia, especialmente de 1939 a 1945. Y si no lo sabes, te lo diré yo en pocas palabras: terminó muy mal. Otros ejemplos de manipulación del pasado en beneficio de una ideología propia del momento los encontramos en la arqueología soviética, que se centró casi de forma exclusiva en un planteamiento interpretativo social-marxista; en la arqueología del *apartheid* en Sudáfrica, que negó la posibilidad de que los pueblos indígenas hubieran desarrollado algún tipo de civilización en épocas anteriores y que interpretó cada hallazgo como una prueba de colonización por parte de Europa; o incluso en el uso de la Antigüedad por parte de los políticos griegos durante la mayor parte de los siglos XIX y XX, que trató de enfatizar y fortalecer el sentimiento y el «orgullo» nacionales, intentando «purificar» el pasado para hacerlo parecer «de color rosa».

—¿Y cómo se superan todas estas dificultades?

—Nuestra joven ciencia perdió su inocencia en el momento en el que se dio cuenta de que no bastaba con localizar, clasificar e identificar las piezas antiguas con nacionalidades, sino que además debía profundizar y cuestionar las evidencias. Todo este proceso comenzó en torno a los años sesenta del siglo pasado, pero se consolidó en la década de los setenta. Era la época de la llamada Nueva Arqueología. ¿No dijimos que la arqueología era una joven que se juntaba con las ciencias positivas? Pues bien, trató de imitarlas e investigar los procesos que subyacen a los fenómenos culturales, de ahí que recibiera el nombre de arqueología procesual. Las civilizaciones se consideraron sistemas y subsistemas a los que se debían aplicar análisis y modelos estadísticos asociados.

—Bien, así que este fue el final de la búsqueda teórica. La arqueología había encontrado su propósito.

—No, no fue tan sencillo. En un momento determinado, al priorizar sobre todo los datos de las estadísticas, la verdadera y principal esencia de la arqueología comenzó a perderse. Entonces se comprendió que se debía tener en cuenta el imprevisible factor humano, además del hecho de que los propios arqueólogos científicos tenían sus propias obsesiones y prejuicios. De ahí que la llamaran «arqueología posprocesual».

—¿Y qué es la arqueología posprocesual?

—La arqueología posprocesual investigaba al hombre a través de sus objetos. Se supone que la arqueología posprocesual iba a complementar a la forense, pero se produjo todo tipo de «disputas científicas».

—A los arqueólogos se les pasa la mano, ¿eh? ¿Ya ha descubierto la arqueología su identidad o continúa sin encontrarla?

—Lo que hoy en día intenta hacer la arqueología es combinar todo lo que acabamos de mencionar, teniendo en cuenta otros aspectos de la existencia humana: desde la arqueología de género, que busca el significado del género en las civilizaciones, hasta la arqueología social, que busca los aspectos económicos y sociales de la Antigüedad. Todas las «arqueologías» conforman el gran rompecabezas de la ciencia de la arqueología.

—Pero, hombre, ¿por qué tanto rollo sobre la teoría de la arqueología?

—Porque, como decíamos al principio, si no sabemos qué buscamos y por qué estudiamos la Antigüedad o si no tenemos una línea de trabajo clara, no podemos ofrecer interpretaciones claras. Nos convertimos en meros cazadores de tesoros sin obtener respuestas, porque para poder obtener respuestas debemos plantearnos las preguntas adecuadas. Como, por ejemplo, lo que decíamos antes: ¿qué provocó la caída de la civilización minoica?

—¡Ah, sí! Justo nos hemos quedado ahí. ¡Mencionaste algo sobre la llegada de los micénicos! ¿Qué pasó con la civilización micénica?

—Verás, esto es lo que pasó con Micenas...

4
ABRIENDO PUERTAS

LA CIVILIZACIÓN MICÉNICA

—Alrededor del año 1600 a. C. comienza la Edad de Bronce tardía. Las tribus protohelénicas, fuertemente influidas por los cicládicos y los minoicos, ya habían descendido a la Grecia continental. Estas tribus habían ido desarrollando de manera gradual una civilización urbana e incluso habían comenzado a construir palacios.

—¡Un momento! ¿Los micénicos fueron los primeros griegos?

—Los micénicos fueron la primera civilización que tenemos documentada de habla griega. Esta civilización se originó en la Grecia continental y más tarde extendería su dominio a las islas, incluyendo Creta, Asia Menor, Macedonia y también el sur de Italia. Recibió el nombre de «micénica» por su palacio más destacado y famoso, el de Micenas. En aquella época, toda Grecia estaba repleta de palacios micénicos; se han encontrado yacimientos desde Macedonia hasta Asia Menor. Los más importantes, aparte del de Micenas (que era el más conocido), eran los de Pilos, Tebas, Yolco, Tirinto y Midea. Sabemos con certeza que también hubo uno en la Acrópolis de Atenas, pero más tarde le hicieron un cambio radical de imagen y finalmente acabó siendo derribado.

—Oye, ¿y la civilización micénica era tan espléndida como la minoica?

—En general es mejor no «comparar» una civilización con otra.

No tiene mucho sentido, porque es verdad que tenían muchas cosas en común, pero también había grandes diferencias entre ellas.

—Háblame de alguna de ellas.

—Por ejemplo, los micénicos eran más proclives a la guerra y al arte derivado de esta. Incluso los propios griegos de la época clásica los imaginaron como guerreros excepcionales.

—¿Y dijiste que hablaban griego?

—Sí, ¡y escribían en griego! Adoptaron el sistema de escritura que vieron en Creta, lo cambiaron un poco y comenzaron a utilizarlo, es el llamado Lineal B.

—¿Entonces adoptaron la lengua minoica?

—¡Te estás confundiendo! Recuerda, una cosa es la escritura y otra distinta la lengua. Imagínate que quiero mandar un correo electrónico en griego, pero solo tengo instalado en mi computadora el teclado con caracteres latinos. Tendría que escribirlo utilizando el tipo de letras que tuviera mi teclado, así que mi mensaje estaría escrito en lengua griega, pero con letras del abecedario latino.

—¡Aaah! Y entonces, ¿qué quieres decir con eso de que escribían en griego?

—Hemos encontrado miles de tablillas escritas en Lineal B; sin embargo, las primeras fueron halladas en Creta, así que al principio se pensó que se trataba de un tipo de escritura cretense. Pero allí mismo también se encontró el Lineal A, que es más antiguo. Además, comenzaron a aparecer grandes cantidades de tablillas escritas en Lineal B en el Peloponeso. Hoy en día sabemos que la escritura Lineal A era minoica, mientras que la Lineal B era micénica. Estos textos escritos se encontraron únicamente en los palacios, de hecho, en el palacio de Pilos, situado en Peloponeso, apareció el archivo real, completamente destruido y quemado, tal y como estaba. Para ser exacto te diré que las tablillas se han conservado gracias al fuego.

—¿Y eso?

—Verás, los escribas de aquella época escribían textos sobre trozos de arcilla sin cocer, que tenían la forma de una hoja de árbol o de una página tal y como la conocemos hoy en día. Los almacenaban en cestas de mimbre o en cajas de madera por categorías y los archivaban. Cuando terminaba la temporada y tenían que renovar los inventarios, tomaban estos trozos de arcilla, las tablillas como las llamamos nosotros, las deshacían en agua y las moldeaban de nuevo.

—Ya veo, ¡ecología, sostenibilidad y reciclaje en el II milenio a. C.!

—¡Y no solo eso! Gracias a la manera de trabajar que tenían, hemos podido obtener información de esta gran civilización. Los palacios micénicos fueron incendiados y arrasados con mucha virulencia. El fuego destruyó el palacio, pero coció las tablillas de arcilla que han sobrevivido miles de años.

—Entonces, los micénicos sabían leer y escribir.

—No creo que fuera algo muy común. Muy pocos eran los que conocían la escritura. Estaban los escribas de palacio —entre ellos se han podido reconocer los trazos pertenecientes a una docena de personas distintas—, que tomaban trozos de arcilla sin cocer y los modelaban en la palma de su mano hasta darles la forma de una hoja de olivo o, en el caso de que se tratara de textos más extensos, de una página del tamaño de un libro pequeño. Escribían sobre estas tablillas con un objeto puntiagudo, se han conservado líneas y líneas con la lista de los productos que entraban y salían del palacio.

—¿Y comentas que se han encontrado miles de textos de este tipo? ¿Y de qué hablan?

—La gran mayoría son tablillas donde se registra la contabilidad del palacio.

—¡Qué decepción!

—Sí, pero nos aportan información muy valiosa.

—A mí la contabilidad no me resulta nada interesante.

—Hinojo, apio, comino, berro, cebollino, cilantro, sésamo, poleo menta...

—¿Te pasa algo, arqueólogo? Pero ¿qué dices ahora?

—Te estoy enumerando algunas de las plantas aromáticas y de las especias que los micénicos empleaban en su cocina. Has corrido demasiado al despreciar los registros contables del palacio, pero mira cómo nos muestran los ingredientes necesarios para disfrutar de una buena comida, por ejemplo. Ingredientes que han crecido en la tierra mediterránea y que nos demuestran que tú y el micénico de hace 3 500 años utilizan los mismos elementos y aderezos para cocinar y que denominan a esas especias con el mismo nombre.

—¡Es muy emocionante! ¿Y qué más nos cuentan esas tablillas?

—Indirectamente nos cuentan muchas cosas, incluso sus problemas sociales. Por ejemplo, hay una tablilla que nos habla de una disputa «judicial» entre el clero y el *demos* o *comunidad de ciudadanos*. Erita, sacerdotisa de una deidad, no sabemos exactamente de cuál, reclamaba una enorme superficie agrícola, pero el *demos* correspondiente se oponía y no se la quería ceder. También a través de las tablillas sabemos que en una ceremonia, que quizá fuera la entronización de un nuevo soberano llamado Augías, ¡armaron un buen festín!

—¿De esos en los que hay carne para lanzar al cielo? ¿Con cien kilos de carne mínimo?

—¿Cien kilos de carne? Pero ¿qué dices, inocente? ¡Un buey, 26 carneros, 6 ovejas, 4 cabras y 7 cerdos! En total son más de dos toneladas de carne. ¡Y todo esto sin contar los miles de kilos de fruta y verdura, la miel y el vino!

—Con que Augías, ¿eh? Así que conocemos algunos de sus nombres.

—Y no solo nombres de personas, también conocemos los de sus animales. Por ejemplo, sabemos que algunos labradores pusieron a sus bueyes nombres como Pardo, Negro, Rubio, Hocico blanco o Vinoso.

—¡Es genial! ¿Y no se mencionan más personas importantes?

—¡Claro que sí! Se habla de una sacerdotisa, Carpatia, que, según parece, estorbaba a los soberanos.

—¿Por qué?

—Porque pasaba de todo y descuidaba sus obligaciones. Una tablilla nos indica que tenía en propiedad dos terrenos y, a pesar de que estaba obligada a cultivarlos..., pues no lo hacía. Pero, sin duda, mi tablilla favorita es la de un escriba que en un momento determinado se estaba aburriendo, bien porque estaba esperando a que le trajeran los productos, o bien porque ese día tenía poco trabajo, así que le dio la vuelta a la tablilla y se puso a... dibujar un guerrero que está haciendo un paso de baile. Seguro que estaría pensando: «¡Ja!, yo que de mayor quería ser guerrero —o bailarín— y acabé siendo funcionario en la administración pública».

—¿Sabes lo que más me impresiona? Que finalmente se pudiera descifrar este tipo de escritura.

—Gracias al enorme esfuerzo y a los muchos años que los investigadores dedicaron a ello.

—¿Y por qué continúan sin descifrar el Lineal A?

—En primer lugar, porque no tenemos el mismo número de textos que existen del Lineal B, lo que es determinante, porque cuanto más material hay, más intentos de desciframiento se pueden realizar, por lo que el trabajo resulta mucho más sencillo. Y, en segundo lugar, porque el Lineal A no recoge una lengua que conozcamos. Se intentó leer teniendo como referente la lengua griega, tal y como se había hecho con el Lineal B, pero no se obtuvo ningún resultado. Si en realidad se tratara de griego, podríamos leerlo, igual que se pudo hacer con el Lineal B. Gracias a este último pudimos saber cómo funcionaba el sistema palacial y la economía de la época, ¡que, desde luego, no es poco! Y también nos han permitido deducir muchos factores sociales, como que había esclavos.

—Bueno, pero eso no es ninguna sorpresa.

—O que ya existía una casta sacerdotal a la que se le asignaba unas parcelas de tierra, que estaban separadas, es decir, «cortadas», del resto de terrenos públicos y privados, y que eran santuarios, denominados *témenos*.*

—Pero ¡qué casualidad! ¡En griego seguimos utilizando esa misma palabra *témenos* con ese mismo significado, santuario! Luego es a partir de entonces cuando los sacerdotes comienzan a tener dinero y poder, ¿no? ¿No nos da más información el Lineal B?

—Para ser exactos, el Lineal B también nos proporciona información sobre los dioses a los que se adoraba entonces. Y —sorpresa, sorpresa— el panteón de la Grecia micénica estaba repleto de los dioses que conocemos de la Grecia clásica, pero no son los únicos. Estaban Zeus, Día, que es la versión femenina de Zeus, también Hera, y Drimio, el hijo de Zeus.

—¡Por Día y por Drimio, nunca antes había oído hablar de ellos! ¿Y quién es este hijo de Zeus?

—Son deidades y piezas de esta antiquísima religión que no sobrevivieron en épocas posteriores. Probablemente sea la primera vez que oyes hablar de estas divinidades propias de aquella época, como Enialio, que más tarde se identificaría con Ares, Peón, Potnia, Eleuia y un dios llamado Tres veces héroe. Pero seguro que te suenan los nombres de Atenea, Artemisa, Hermes, Dioniso, Apolo, Poseidón... ¡pero no de Posideia, su versión femenina!

—¿Todos estos nombres aparecen en las tablillas? ¿Como si fueran una especie de oraciones?

—Como ya hemos comentado, las tablillas muestran la contabilidad del palacio, pero muchos dioses se nombran en ellas porque se registran los dones que les ofrecen. Por ejemplo, en Pilos apareció una tablilla muy importante en la que se menciona un ritual llevado a cabo en un lugar llamado Esfagianes, donde, durante el mes de *Plowistos*, se entregaban regalos y víctimas a los dioses. A

---

* La palabra *témenos* significa tanto en griego clásico como en griego moderno «santuario». A su vez, esta palabra procede del verbo *temno,* que significa «cortar» (*N. de la t.*).

Potnia se le entregó un vaso de oro y una mujer, a Posideia un vaso de oro y una mujer, al llamado Tres veces héroe una sola copa... Debía ser un dios no muy importante.

—Un momento, un momento. Cuando dices sacrificios, ¿te refieres a humanos?

—Probablemente, sí. Existe una pequeña posibilidad de que se tratara de esclavos entregados al santuario en calidad de posesión, pero desde mi punto de vista es poco probable, ya que la tablilla hace referencia a un sacrificio. Quizá el hecho de que pensemos que se trata de esclavos que están al servicio del santuario no sea más que un intento nuestro de suavizar la realidad. También se menciona una festividad consagrada a Poseidón en la que, además de regalos, se realizan sacrificios, un vaso de oro y dos mujeres; mientras que en el santuario de Zeus se entregaron un vaso de oro y un hombre para Zeus, para Hera un vaso de oro y una mujer, y Drimio, su hijo, recibió solo un cuenco.

—¡Vaya, el hijo se llevó la peor parte! Oye, amigo, nuestros ancestros eran un poco macabros, no me los había imaginado así.

—La época micénica era dura, pero al mismo tiempo organizada y, según parece, también próspera.

—Si no te acababan sacrificando en una fiesta... Ahora por lo menos vas a una boda y como mucho te sirven un buen guiso de cabra, ¡no a la concuña!

—Sin lugar a dudas el clero era muy poderoso, pero el palacio tenía la soberanía y el sistema de gobierno contaba con una jerarquía fuerte y compleja. El jefe de estado y dirigente supremo era denominado *wánax* o *ánax*. Por eso el palacio donde vivía recibe el nombre de *anaktoron*.

—¿Y no había reyes?

—Claro que sí, pero se situaban en un escalafón inferior en la jerarquía. Después del *wánax*, también llamado *ánax*, el segundo más importante en la jerarquía era el *lawagetas*, que ostentaba un cargo militar, del griego *laos,* «pueblo», y *hegetes,* «que lleva». A continuación estaban los *eqetas*, los jinetes, y después los *koretes* y los *prokoretes*. El rey, *basileus*, era un título de funcionario local muy inferior. Quédate con esta información, la necesitarás más adelante.

—¡Cuánto funcionario, dios mío, y desde hace tanto tiempo! Pero ¿qué hacía tanta gente ahí?

—Aún no se sabe con certeza qué papel desempeñaba cada uno. Algunos sin ninguna duda eran cargos militares, otros quizá se ocuparan de otros asuntos: el comercio, la administración o la religión. Se trataba de una sociedad compleja. ¿De qué otra manera si no hubieran podido construir semejantes palacios o desarrollar un arte tan monumental?

—Quiero que me hables de Micenas y la Puerta de los Leones. Una vez fui de excursión y me pareció impresionante.

—La Puerta de los Leones, la entrada principal al espléndido palacio de Micenas, es increíble, ¡y una mole de piedra también! Los leones simbolizan la valentía y el poder de la autoridad central. Las cabezas de los leones con toda seguridad no cabían en el espacio que queda, por lo que suponemos que probablemente sobresalían hacia fuera, mirando a todo aquel que se adentrara en el palacio. Lord Elgin también fue allí de excursión y se la quiso llevar. Buscó trabajadores en los pueblos de alrededor, pero a principios del siglo XIX en la región de la Argólide, donde se sitúa Micenas, no había suficiente mano de obra para levantar un bloque de piedra tan grande. Desencantado, Elgin se marchó, pero no sin antes llevarse la mitad de las esculturas del Partenón por las que aún hoy en día seguimos discutiendo.

—¡La sociedad micénica parece muy fuerte y grandiosa! ¿Qué le pasó?

—En algún momento, la civilización micénica comenzó a envejecer.

—¿También esta civilización? ¿Y por qué?

—Verás, durante décadas se han discutido las posibles causas del colapso de la civilización micénica. ¿Se debió a la decadencia interna, o se debió a factores climáticos que afectaron a la producción agrícola? ¿Se produjeron disturbios sociales? ¿Hubo alguna invasión? ¿Todo lo anterior junto? Probablemente hubo más de un motivo. También se afirma que por aquel entonces existía una población muy salvaje (que algunas hipótesis localizan en Cerdeña) que realizaba incursiones por todo el Mediterráneo oriental, que tenían amedrentado a todo el mundo, y los distintos estados fueron cayendo como moscas. A estos matones, que eran una mezcolanza de varias tribus y grupos desconocidos, se los denomina los pueblos del mar. De hecho, a finales de la Edad de Bronce, habían salido a saquear todo el Mediterráneo. Seguramente también atacaron la Grecia micénica, al igual que a todos los grandes estados del Mediterráneo oriental, como el Imperio hitita, Siria y Palestina, atreviéndose incluso a enfrentarse al poderoso Egipto, que fue el único que pudo detener su ataque. De hecho, Egipto pudo frenarlos con muchas dificultades. Y en medio de esta gran convulsión y del colapso de tantos estados finaliza la Edad de Bronce.

—¿Y entonces no se produjo... este... cómo se llama... la invasión dórica?

—Sí, algunos también han argumentado que los dorios fueron la causa de la caída de la civilización micénica, pero, verás, la arqueología no puede demostrar esta invasión, ya que no aparecen en ninguna parte nuevos elementos culturales que evidencien la llegada de nuevas poblaciones al sur de Grecia. Algunos historiadores han afirmado que el estilo geométrico que aparece en la cerámica y que dominó el territorio heleno tras la caída de los palacios micénicos se correspondía con el estilo de los alfareros dorios. Sin embargo, no es así. En primer lugar, porque, como ya hemos dicho, nunca, nunca debemos asociar los distintos tipos de cerámicas a determinados grupos de población, porque, de ser así, ¡los arqueólogos del futuro pensarían que todos, absolutamente todos, pertenecemos a la internacional del Tupperware! Y, en segundo lugar, porque el estilo geométrico surgió en la región del Ática, que fue un lugar al que, según la tradición, no llegaron los dorios, porque fueron directamente a Peloponeso.

—Pero ¿qué me estás diciendo? ¿La invasión dórica no existió?

—Yo no dije eso, pero probablemente no afectara a toda Grecia como pensábamos o, al menos, no provocó necesariamente el colapso de la civilización micénica.

—¡Pues vaya problema! Los arqueólogos tienen mucho trabajo por delante.

—Sí, afortunadamente sí. ¿Te imaginas qué aburrimiento si lo hubiéramos descubierto todo? En cualquier caso, lo que importa es que el poderoso entramado de la civilización micénica, por las razones que sea, se desmoronó. Y lo que le siguió fue lo que llamamos la Edad Media griega o Edad Oscura.

—¿La Edad Oscura? ¿Cuándo fue eso? ¿Se produjo el colapso y después vino la Edad Oscura?

—Hacia finales del siglo XII a. C., la civilización micénica había comenzado a decaer. Durante el siglo XI a. C., en torno a 1050 a. C., nos adentramos ya en la Edad Oscura.

—Una pregunta: a veces me hablas del periodo heládico tardío, de la época micénica y el periodo geométrico, ¡y a continuación me vuelves a hablar de fechas! ¿De qué se trata todo esto? ¿Por qué la datación es tan complicada? ¿Hay muchas más fechas?

—De acuerdo, te lo explicaré.

Dato curioso
¿Cómo se data un hallazgo?

—Tu pregunta es bastante común. Existen dos sistemas de datación: la relativa y la absoluta. La relativa se refiere a las divisiones temporales que los arqueólogos hemos establecido en la Antigüedad y suele basarse en la cerámica, ya que es el hallazgo más frecuente. Por otro lado, la datación absoluta se basa en los años y siglos del calendario universal que todos conocemos.

—No lo entiendo muy bien. ¿Me lo puedes aclarar un poco más?

—Te pondré un ejemplo sencillo: toma un vaso. Supongamos que es un vaso prehistórico, de época micénica. Según la datación relativa, pertenecería al periodo heládico tardío III, mientras que con datación absoluta se fecharía hacia el año 1400 a. C.

—¿Y por qué existen dos sistemas de datación?

—La datación relativa ofrece más ventajas a los investigadores, mientras que la absoluta es un tipo de datación definitiva, por lo que resulta más comprensible para la gente que en general está interesada en el tema. La datación relativa resulta más útil, porque se puede adaptar con más facilidad. Además, los nuevos descubrimientos pueden cambiar la correlación entre la datación relativa y la absoluta. La absoluta es la que nos interesa como objetivo final, ya que la datación relativa solo nos beneficia cuando tenemos que trabajar en casos complicados, ya que, hasta que podamos resolverlos, nos permite ir trabajando sin necesidad de depender de la datación absoluta. La columna vertebral de la datación relativa es el estudio de los estratos de una excavación y la clasificación de sus hallazgos.

—¿Qué quiere decir eso del estudio de los estratos de una excavación?

—Los estratos son las capas de tierra correspondientes a las diferentes épocas. En cada estrato encontramos unos hallazgos diferentes. Dado que el hallazgo más común (y más útil) es la cerámica, hemos logrado establecer un «orden cronológico» de las distintas formas que se utilizaron. A esto se le denomina tipología.

—¿Podrías explicarme un poco mejor qué es eso de la tipología?

—Comparémosla con los modelos de coches de hoy en día: ¿cómo podríamos colocar en el orden correcto los distintos modelos de un mismo fabricante de coches que han ido apareciendo a lo largo de los años y cómo podríamos observar la evolución gradual de un modelo a otro a lo largo de un siglo? Si ves un modelo de 1960, serás capaz de reconocer la fecha de su fabricación porque conoces el modelo, es decir, la evolución tipológica del vehículo. Algo parecido sucede con los vasos de barro, pero también funciona de manera similar con muchos otros hallazgos como estatuas, objetos metálicos, etc.

—Entonces, ¿no funciona con todos los hallazgos?

—No, no con todos, porque algunos objetos de uso cotidiano estaban ya tan estandarizados que no muestran cambios a lo largo de los años. La cerámica es, con mucha diferencia, el hallazgo más común y que más cambia con el tiempo. Así que resulta muy útil como punto de referencia.

—¿Y cómo se determina una fecha con la datación absoluta?

—¿Recuerdas que dijimos que la arqueología como ciencia se había aproximado a las ciencias positivas y se llevaban muy bien? Pues verás, la arqueología, tan coqueta como siempre, continúa pidiéndoles favores a las ciencias: que la ayuden con la datación. Pero, por supuesto, hay que tener en cuenta que todos estos métodos tienen sus limitaciones. Mencionaré las más significativas, para que te hagas una idea. En el caso de la materia orgánica, el método más conocido que tenemos es la datación por radiocarbono. Sabemos que el C14 está presente en todos los seres vivos y comienza a disminuir a partir del momento de la muerte. El radiocarbono tiene una vida media de unos 5 500 años. De esta manera podemos calcular la fecha de la muerte de un ser vivo.

—¡Ah, parece fácil y sencillo!

—¡Ya me gustaría! No es para nada sencillo. En primer lugar, el radiocarbono tiene un amplio margen de error, ya que este debe calcularse sobre una muestra suficiente de materia orgánica que no haya sido «contaminada» por ninguna otra materia orgánica, moderna o antigua. Es decir, que durante una excavación tiene que ocurrir que encuentres material orgánico, que aparezca una cantidad considerable, que no se haya mezclado con material de otras épocas, que lo tomes, que lo aísles sin que haya sido contaminado por el entorno actual y que lo lleves directamente al laboratorio. Además, es poco habitual que en los yacimientos arqueológicos haya estratos que no hayan sido alterados, y asimismo la materia orgánica que sobrevive suele ser escasa y normalmente aparece en cantidades muy pequeñas, porque la materia orgánica —madera, carne, piel, etc.—, salvo casos excepcionales, tiene la «mala costumbre» de descomponerse y desintegrarse. Así que puedes hacerte a la idea de lo difícil que es aplicar todo este proceso a la práctica. Por si fuera poco, el radiocarbono no nos da una fecha concreta —¡no te hagas ilusiones!—, sino que nos ofrece un rango cronológico, que puede oscilar entre los 50, los 100 o los 200 años. En el caso de la prehistoria, la diferencia entre el 5330 o 5270 a. C. no resulta significativa, pero en época histórica la diferencia entre 100 y 200 años es tremenda. Luego llegamos a la conclusión de que el radiocarbono es oro puro, pero solo es útil si se encuentra una cantidad suficiente, si da un rango pequeño de valores y, sobre todo, cuando se trata de datar antigüedades prehistóricas. E incluso entonces, nos indica una datación aproximada.

—¿No hay otros métodos de datación?

—Otro método de datación muy extendido es la dendrocronología. ¿Te acuerdas cuando de pequeños nos enseñaban que cada círculo del tronco cortado de un árbol correspondía a un año de su vida? Pues bien, cuando se encuentra un trozo de madera en una excavación, se pueden estudiar los círculos del tronco y compararlos con otros círculos de otros árboles, y averiguar así a qué año perteneció. Después de tantos años de investigación, ahora hay datos suficientes procedentes de árboles de todo el Mediterráneo y Europa, que se remontan a miles de años anteriores a la época actual. Por supuesto, para datar un yacimiento arqueológico y sus hallazgos mediante la dendrocronología, hace falta tener suerte y encontrar un trozo de madera que esté en buen estado de conservación y que, además, preserve con nitidez los anillos del tronco. En Grecia, este hallazgo es poco frecuente, porque, como ya hemos comentado, la madera es un material orgánico y se descompone. En general, como puedes ver, la datación absoluta es una labor complicada. Por eso los arqueólogos se valen sobre todo de la datación relativa.

—Ya entiendo, por eso me hablaste de la Edad Oscura y no mencionaste el año 1050 a. C.

—Exactamente.

—Genial, sigamos. Me decías que algo salió mal y entonces se produjo el colapso de la civilización micénica, pero ¿qué pasó después?

5
¡AY, PENA, PENITA, PENA!

LA EDAD OSCURA

—Entonces se produce el colapso. ¿Y este lío tremendo sucede por todas partes? ¿Qué pasó con los palacios, las murallas y las riquezas? ¿Se fue todo al diablo?

—Definitivamente el mundo cambió. Como es obvio, la gente conservó elementos de la civilización que ya tenía, pero el número de asentamientos disminuyó de forma drástica y, según parece, muchos emigraron.

—¿Y dónde fueron?

—A la zona norte del mar Egeo, a la costa de Asia Menor, a Chipre, e incluso a las costas de Fenicia y de Palestina. Los habitantes de la Grecia continental volvieron a su forma de vida anterior, menos complicada y compleja. Los logros alcanzados durante la Edad de Bronce se perdieron. Dejaron de utilizar la escritura palacial que hemos visto, dejaron de construir edificios sólidos y murallas con bloques de piedra maciza. Y aunque quizá alguien recordara con nostalgia tiempos pasados, jamás hubiera podido movilizar suficiente mano de obra como para volver a construir algo tan majestuoso. Y, al fin y al cabo, ¿para qué hacerlo? ¡Todo fue destruido! Sálvese quien pueda. Sin embargo, es justo entonces cuando aparece el hierro y se pone de moda. ¡Estamos entrando en la Edad de Hierro! ¿Y en qué vamos a respaldarnos para poner un poco de orden dentro del caos temporal? ¡Pues en la cerámica! Después de la época micénica, surge un nuevo estilo de cerámica, decorada con dibujos geométricos; a este intervalo de tiempo en el que se emplea este tipo de cerámica lo denominamos periodo protogeométrico, porque precede al periodo geométrico, que llegaría un siglo y medio más tarde.

—¡Oye, antes me dijiste que de la época micénica pasábamos directamente a la Edad Oscura!

—Es lo mismo. La Edad Oscura o los Siglos Oscuros acabaron llamándose periodo protogeométrico.

—¡Los arqueólogos están obsesionados con poner nombres pegajosos...!

—¡No te falta razón! La cerámica protogeométrica recuerda a la de la época micénica en su estilo decorativo, pero ya no se aprecia el rico arte creativo empleado para decorar los vasos de los palacios. Ahora los vasos presentan una ornamentación pobre, con motivos geométricos simples y escasos, y abundante pintura negra que cubre toda la superficie.

—Sí, pero sigo sin entender por qué la llaman la Edad Oscura.

—Porque hace tiempo no conocíamos prácticamente nada de los años posteriores a la caída de la civilización micénica, así que, como caminábamos un poco a ciegas, se llamó a esta época la Edad Media griega o los Siglos Oscuros. Ahora, afortunadamente, se sabe mucho más. Al principio se pensó que habían vivido sumidos en una inmensa oscuridad durante varios siglos, pero ahora sabemos que comenzaron a recuperarse con bastante rapidez. Seguramente los cambios y la reestructuración fueron tan grandes, que casi podemos olvidarnos de todo lo que hasta el momento sabíamos sobre el mundo helénico. Cuando todo un sistema social sufre un colapso, no solo en Grecia, sino también en la mayor parte del entonces mundo desarrollado, la gente trata de salvarse a sí misma por encima de todo.

—¡Ah, como en las películas de apocalipsis zombie! Donde los supervivientes se reúnen en campamentos para defenderse.

—Bueno, más o menos... pero sin los zombies. Dado que ya no existía el poder central del palacio para controlar la situación, parece ser que el mundo griego se escindió y se dividió en agrupamientos tribales tratando de sobrevivir. Ahí van también los poderosos *wanax* y los *lawagetas* y toda la chusma de palacio. Probablemente, el único puesto que sobrevivió fue el de un funcionario de bajo rango llamado rey, *basileus,* cuyo término pasaría más tarde a tener un significado diferente.

—Ah, por eso la palabra *basileus* pasó a designar al máximo gobernante.*

—Dispersos y bajo el lema «sálvese quien pueda», los grupos de población luchaban por sobrevivir. La manera de afrontar la nueva situación varió de un lugar a otro. Por ejemplo, en Creta se han encontrado asentamientos pertenecientes a este periodo muy diferentes a los de los grandes centros urbanos del periodo anterior. En este momento, los emplazamientos se organizan en pequeñas aldeas construidas en lo alto de las rocas, con el fin de poder defenderse y esconderse mejor. En la Grecia continental, los núcleos de población comenzaron a emigrar. Es ahora cuando se produce el primer movimiento de población. Es la época de la primera colonización griega. Las diversas tribus helénicas comenzaron a moverse por toda la Hélade, las islas y la costa de Asia Menor, y a fundar nuevas ciudades que más tarde se convertirían en importantes centros para la civilización griega de época histórica.

—¿Cuáles eran estas tribus griegas que mencionas?

—Pues había muchas. Las más grandes estaban conformadas por dorios y jonios. Los dorios se concentraban principalmente en el Peloponeso, en las islas del sur del mar Egeo y en Creta, y en la

---

* *Basileus* significa en griego clásico «rey», palabra de la que procede el término actual *basiliás* en griego moderno y cuyo significado es el mismo (*N. de la t.*).

costa meridional de Asia Menor. Los jonios estaban emplazados en el Egeo central, en el Ática y en la costa central de Asia Menor. Una tribu bastante numerosa era la de los eolios, que se extendía por la costa septentrional de Asia Menor, pero había muchas otras tribus más pequeñas dispersas por todo el suelo griego.

—¿Y todo este desastre duró mucho?

—La recuperación no se hizo esperar. El ejemplo y hallazgo arqueológico más impresionante de esa época, que demostró que la arqueología siempre puede sorprendernos, se encontró en Lefkandi, en la isla de Eubea. Allí se localizó una gran casa señorial de casi quinientos metros cuadrados, larga y estrecha, con muchas habitaciones, y que probablemente tuviera una segunda planta. Sin embargo, lo más sorprendente es que en el centro de la casa se encontraron los sepulcros de los dueños: un hombre y una mujer.

—¿Qué tipo de personas eran? ¿Soberanos? ¿Un rey y una reina?

—Es muy probable que efectivamente se trate de una pareja de soberanos, porque no los enterraron solos, sino que junto a ellos fueron sepultados caballos, además de un numeroso y opulento ajuar funerario.

—¿Qué es un ajuar funerario?

—Llamamos ajuar funerario a cualquier objeto colocado junto al cuerpo del difunto en una tumba, como puede ser un regalo o una ofrenda. Muchos de estos ajuares funerarios ni siquiera procedían de Grecia, sino que se importaban del extranjero. Por eso, a pesar de que se haya considerado esta época como oscura, luctuosa e incivilizada, sin embargo, también tuvo sus mansiones —aunque fueran escasas—, su riqueza y su circunstancial prosperidad. No era exactamente una mansión en Malibú, junto a las estrellas de Hollywood, pero seguro que Lefkandi tampoco era un mal lugar para vivir.

—Seguro que no estaba nada mal. Además, está junto al mar y

sigue teniendo una playa fantástica, así que ¿a quién le importa Hollywood?

—Pero Lefkandi nos tenía reservadas más sorpresas todavía. Nos mostró que quizá ya por aquel entonces se hubiera comenzado a cultivar la tradición popular de la que más tarde surgirían los mitos. En la tumba de una niña pequeña se encontró una figurilla de terracota con forma de centauro. Se trata de la estatuilla con forma de centauro más antigua encontrada hasta el momento. Pero eso no es lo más importante, sino que ese centauro me recuerda el mito de Quirón, el único centauro destacado entre los suyos, puesto que, gracias a su sabiduría y bondad, enseñó e instruyó en la medicina a muchos héroes de la Antigüedad.

—¿Por qué fue el único que destacó?

—Los demás centauros eran seres de naturaleza animal, bestias salvajes y simples. Quirón, sin embargo, estaba hecho de otro tipo de centauro. Era sabio, educado, todo un señor. ¡Un verdadero caballero con pezuñas!

—Suena a título de comedia romántica. ¿Y cómo sabemos que el centauro que se encontró en la tumba era Quirón?

—Según la leyenda, Heracles hirió sin querer a Quirón en la pierna. ¡Y la figurilla encontrada en la tumba de la niña tiene una «herida» en la pierna! Pero todavía hay algo más interesante.

—No se acaba nunca...

—El centauro que se encontró en la tumba estaba roto, le faltaba un trozo. Y la pieza que faltaba fue hallada en una tumba cercana.

—Pero, hombre, no tenía ni idea de que existieran yacimientos arqueológicos de este tipo. ¡Estas historias no nos las cuentan! ¿Se las guardan para ustedes?

—No me vengas otra vez con el mismo cuento, que no ocultamos nada, lo contamos todo. Quienquiera puede averiguarlo.

—¡Pues es ahora cuando me estás contando que Eubea evolucionó tanto en un tiempo tan remoto!

—Pero no te engañes. Los hallazgos de Lefkandi no demuestran que la Grecia del año 1000 a. C. estuviera llena de personajes tipo Elizabeth Taylor que se paseaban por sus mansiones con sus lujosas joyas importadas cual mujeres fatales. Además, incluso la magnífica casa de Lefkandi estaba hecha de madera y adobe, y tenía el tejado de paja. Seguramente se parecía más a un gran establo que a una casa señorial. Pero sí nos muestra que sabían cómo hacer largos viajes y que nunca perdieron el contacto con el mundo exterior, a pesar del hecho de que Grecia se había convertido en una provincia en comparación con las civilizaciones de Oriente.

—¿Y cómo vivía la gente entonces?

—La mayoría de las casas de la gente normal no se diferenciaba de lo que hoy se describiría como la choza de un pastor construida de madera. Bueno, donde había madera, claro, porque en las islas que no hay las construirían de piedra. Esas casuchas estarían apiladas unas junto a otras en calles estrechas, para que todas cupieran dentro de las murallas que las protegían de los enemigos. Únicamente la casa del soberano sería un poco más grande. De vez en cuando, entre la aglomeración y el hacinamiento, habría algún descampado, bien como espacio libre para actividades de toda la comunidad, bien dedicado a algún dios, porque, al principio, se adoraba a los dioses al aire libre en un espacio reservado para tal propósito. Después lo separaron del espacio destinado a la gente, se podría decir que lo «cortaron».

—¡Ajá, un *témenos* otra vez! El santuario ese que dijiste de los micénicos. Oye, ¿y siguieron adorando a los doce dioses del Olimpo? Ya que dijiste que habían aparecido por primera vez en la época micénica...

—¡Exacto! ¡Diste en el clavo! El culto a los dioses olímpicos empezó a tomar la forma que adoptaría en años posteriores. Bueno, en la Edad Oscura, en el periodo protogeométrico, con mucha probabilidad se rendiría culto a todos los dioses dentro de la naturaleza, al mismo tiempo que toda la naturaleza sería concebida como algo divino. Se podría decir que la imagen de lo divino estaba en todas partes: en el cielo, en la tierra, en el mar y en los árboles. Incluso en la imaginación de aquellos hombres tendría cabida la humanización de los árboles (podrían haber visto en ellos una forma parecida a la humana). Pero, aunque no fuera así, los árboles nos proporcionan muchos y gratos regalos, como sombra o comida. Cuando vemos que pierden sus hojas, nos parecen desdichados y pensamos que van a morir, sin embargo, cada año vuelven a renacer. ¿Acaso eso no es algo divino? Así que establecerían una semejanza entre la divinidad, tal y como se la imaginaban y tal y como sus manos la podrían moldear, hecha de metal o con más frecuencia de madera —hay trozos de madera que ya de por sí se parecen a un torso humano—, y la colocarían en el centro de algún lugar donde adoraran a los poderes divinos, para que quizá se apiadara de ellos y les permitiera resistir otro invierno u otra invasión enemiga, o quizá enfermaran un día y los remedios y las hierbas no les sirvieran de ayuda... y como normalmente vivirían en condiciones muy duras, los dioses también serían muy duros, de modo que desearían aplacarlos y ponerlos de su parte. Intentarían proteger la imagen de su divinidad, poniéndola a cubierto y colocando algo a su alrededor, para que los vientos, las lluvias y el granizo no la dañaran, como una especie de casucha de algún tipo, por así decirlo. Algo así como su casa, como si fuera el hogar de la divinidad y, así, unas cosas y otras darían lugar al nacimiento del templo. Muchas de estas primeras y rudimentarias «estatuas» de dioses hechas de madera se llamaron *xoanon*, y las protegieron y honraron durante muchos siglos. Pero, como ya hemos dicho, nada permanece inmutable en la historia de la humanidad, así que era solo cuestión de tiempo que la niebla de la Edad Oscura se disipara.

—Tengo otra pregunta.

—Dime.

—Me vino antes a la cabeza.

—¿Qué? Dime.

—Es que no tiene mucho que ver con lo que acabas de contarme...

—¡Me estás poniendo de nervios! ¿Qué?

—Antes de que me hablaras de Lefkandi, dijiste algo sobre el declive de las civilizaciones. En algún momento comentaste algo de un sacrificio humano en Creta y a menudo mencionas que hay investigadores que tienen una opinión diferente. Pero ¿por qué hay tantas discrepancias en la arqueología?

Dato curioso
¿Por qué hay tantas discrepancias en la comunidad científica?

—Porque así es como debe ser; de lo contrario, no sería ciencia. Además, la ciencia es un asunto global. La humanidad ni siquiera es capaz de ponerse de acuerdo en cuestiones como si debemos conducir por la derecha o por la izquierda... ¿Te parece que en cuestiones científicas nos pondríamos de acuerdo tan fácilmente?

—Claro, pero se supone que los científicos son gente culta y civilizada. ¿No deberían poder ponerse de acuerdo?

—La discrepancia es la esencia de la ciencia, lo que la separa de la «arqueolatría» estéril e infructuosa. Gracias a la disparidad de opiniones se corroboran los resultados de una investigación, hasta saber si algo es cierto o no.

—No entiendo lo que quieres decir.

—La discrepancia en una ciencia teórica, el «sufrimiento» como a veces se llama, funciona de la siguiente manera: un investigador presenta una conclusión, un pensamiento o una hipótesis de trabajo, y se invita al resto de la comunidad para que lo compruebe. Esto solo podrá llevarse a cabo si el planteamiento se publica como una investigación argumentada y respaldada por datos científicos. Este procedimiento es esencial, ya que es necesario que se generen discrepancias con el fin de comprobarlo todo. En el fondo, la discrepancia es como las pruebas experimentales que se realizan antes de que un medicamento salga al mercado, a través de las que se debe probar su eficacia. Sabemos de antemano que habrá numerosas diferencias y que el medicamento en cuestión no será ampliamente aprobado a corto plazo por la ciencia, por ello solo aceptamos la conclusión en la que la mayoría de la comunidad científica está de acuerdo. Siempre habrá gente que discrepe, incluso en los aspectos más básicos.

—¿Cuál es la mayor discrepancia que se ha dado en arqueología?

—No se pueden comparar. Si nos referimos a la arqueología griega, una discrepancia muy conocida es la datación de la erupción del volcán de Santorini, que en su día se estimó que habría entrado en erupción hacia 1450 a. C. Finalmente, y con mucha probabilidad, la erupción dataría de unos dos siglos antes, quizá de 1628 a. C., o quizá de 1642 a. C., o quizá entre 1642 y 1616 a. C., o quizá entre 1664 y 1651 a. C. Sabes a lo que me refiero, ¿no? Asimismo, durante muchos años se produjeron discrepancias sobre la identidad del muerto situado en la Tumba II de Vergina, que la mayoría de los arqueólogos considera que pertenece a Filipo II de Macedonia, el padre de Alejandro Magno, aunque algunos discrepan y sostienen que se trata del hermanastro de Alejandro Magno, Arrideo, más tarde llamado también de manera oficial Filipo.

—Pero ¿se les olvidó escribir en la tumba: aquí está enterrado fulano de tal?

—El hecho de que la tumba no tenga ninguna inscripción con el nombre complica las cosas. Por supuesto, de todas las tumbas reales y aristocráticas de la antigua Macedonia, de las ciento treinta que se han encontrado hasta el momento, solo dos tienen una inscripción con los nombres de los propietarios. Pero incluso si la Tumba II de Vergina tuviera un nombre, probablemente pondría el de Filipo, porque Filipo se llamaba uno y Filipo también se llamaba el otro. Así que otra vez nuestras ilusiones se vinieron abajo.

—De acuerdo, estos son debates serios y de peso, pero imagino que en asuntos de poca monta no discreparán tanto. ¿Qué sentido podría tener?

—No estamos inconformes en todo, pero, por supuesto, podemos discrepar sobre cualquier cosa. Veamos otro ejemplo menos conocido: el Necromantío del Aqueronte, situado en el Épiro. Al necromantío acudían los fieles para obtener un oráculo no de un dios, como el de Zeus en Dodona o el de Apolo en Delfos, sino de los muertos del Inframundo, es decir, ¡cosas que dan mucho miedo! No era tan fácil romper la barrera entre esta vida y la del más allá. El necromantío, tal como nos ha llegado hasta nuestros días, parece una torre fortificada, pero, tras las excavaciones, se encontraron habitaciones que se consideraron dormitorios en los que debían alojarse los peregrinos que iban en busca del oráculo de los muertos del Inframundo. También se hallaron grandes tinajas con restos de comida, cereales y legumbres, como habas, que se cree que causaban alucinaciones, porque los fieles tenían que ayunar y realizar una dieta especial con la finalidad de drogarse. Se encontró un pasadizo con muchas curvas y varias entradas, una especie de pequeño laberinto, que llevaba hasta un socavón situado en el suelo. Este, a su vez, conducía a un santuario con techo abovedado, oscuro, húmedo y tenebroso. Así que allí dentro se suponía que los fieles, mareados por el ayuno, las comidas extrañas y tanta curva, veían las almas de los muertos moviéndose y hablándoles. Lo más impresionante es que ¡se encontraron engranajes y piezas pertenecientes a una especie de grúas elevadoras! Se interpretó que esos restos formaban parte de los mecanismos utilizados por los sacerdotes para «mover» ante los ojos de los clientes drogados los monigotes que representaban las almas de los muertos. El desdichado fiel, perdido en drogas y con el estómago revuelto por la comida *gourmet* que le habían dado (desde luego con ninguna estrella Michelin), sufría alucinaciones ante semejante vivencia ¡e interpretaba las figuras que se movían ante él como si fueran almas del Inframundo!

—¿Y en qué se discrepó?

—Pues hubo quien afirmó que todo había sido una interpretación errónea de los hallazgos, y que todo el complejo del necromantío había sido construido con grandes muros exteriores como si fuera una fortaleza. La cerámica y los hallazgos encontrados demuestran que la última fase de su uso fue inmediatamente anterior a la conquista romana del Épiro. Además, sabemos que en la conquista del Épiro por parte de los romanos hubo mucho derramamiento de sangre. Setenta ciudades y asentamientos fueron destruidos y 150 000 habitantes fueron convertidos en esclavos.

—Entonces, ¿este edificio no era un necromantío, sino una fortaleza?

—Se planteó la teoría de que fuera uno de los últimos bastiones de la zona para la defensa de los epirotas contra la vorágine romana. Las grandes tinajas de comida se explicarían con buen criterio por la necesidad de los asediados de tener algo de comer, mientras que los engranajes y el resto de piezas metálicas podrían explicarse como partes de las máquinas defensivas, catapultas y otras muchas utilizadas por los habitantes asediados. En cuanto al santuario, quizá no se tratara más que de una despensa subterránea.

—¿Y qué teoría se dio por válida?

—La interpretación del bastión suena lógica, pero no explica por qué había un pasillo laberíntico dentro del edificio, es decir, ¿te comes con papas el asedio y además tienes que desplazarte por un laberinto? ¡Ni que fueran masoquistas! Esta interpretación tampoco explica por qué la «despensa» se construyó con tanto esmero, porque incluso tiene arcos. De hecho, una larga investigación dentro del recinto demostró que el espacio subterráneo —ya fuera el «Inframundo» o una despensa— estaba insonorizado.

—Entonces ¿de qué se trataba?

—Se construyó de tal manera que no hubiera eco, pero sí un silencio absoluto.

—¿Y los engranajes no podrían de ninguna manera pertenecer a las catapultas?

—Claro que podrían, pero el hecho de que el edificio del necromantío hubiera podido haber sido utilizado durante la resistencia contra el ataque, no significa que no se utilizara antes como oráculo.

—Y, entonces, ¿a qué conclusión llegaron?

—Estudios recientes han demostrado que los argumentos a favor de la opinión de que el yacimiento arqueológico fuera en realidad un necromantío prevalecen sobre la opinión contraria. ¿Qué nos demuestra este pequeño ejemplo? Pues que alguien tenía que plantear argumentos en contra de la interpretación de los resultados, para que así se pudieran realizar más estudios que demostraran que la nueva interpretación era válida o que reforzaran la interpretación original con argumentos más sólidos. Por lo tanto, es bueno que haya discrepancias en el terreno de la arqueología.

—Bueno, todo esto está muy bien, pero ¿llegaremos en algún momento a la Grecia antigua? No haces más que hablarme de la prehistoria.

—Vayamos, pues.

6
UN RAYO DE SOL

EL PERIODO GEOMÉTRICO

—Hemos llegado al periodo geométrico, la etapa en la que comienza a gestarse lentamente el proceso que culminará en el milagro cultural de la Antigüedad clásica. El mundo griego por fin sale de la oscuridad en la que se había sumergido y se convierte en otro totalmente diferente.

—El nombre de periodo geométrico suena un poco raro. ¿Por qué se llama así?

—De nuevo hay que echarle la culpa a la cerámica. ¿Qué tienen las vasijas de esa época? Pues un montón de dibujos geométricos. ¡Por todas partes! En el periodo anterior, los vasos tenían una gran superficie que se dejaba sin decorar; sin embargo, ahora las formas aumentan de tamaño y la decoración abarca el cuerpo de todo el recipiente.

—Además de la cerámica, ¿qué más cambió?

—Muchas más cosas. El mundo de la Grecia geométrica se fragmentó en pequeñas entidades políticas que evolucionarán hasta convertirse más tarde en ciudades-Estado. La economía cambió, ya que el comercio crece cada vez más; se mejora la producción de cerámica, el uso del hierro se generaliza y, además, en esta época la tecnología vuelve a dar sus primeros y tímidos pasos a todos los niveles.

—Espera un momento, durante el periodo anterior me hablaste mucho de la isla de Eubea. ¿Continúa siendo el centro de atención?

—En los primeros años de la época histórica y durante el periodo geométrico, que es del que nos ocupamos ahora, no había un lugar que destacara por encima de los demás. Sin embargo, Atenas comenzaba a despuntar, lo que se deduce sobre todo a partir de su producción artística, en concreto, por su cerámica. Atenas fue precursora en el estilo geométrico de la cerámica; después muchos otros lugares la copiaron o se inspiraron en ella.

—¿Así que había diferentes estilos de cerámica en toda Grecia?

—Otras ciudades crearon y mantuvieron su propio estilo, pero la influencia de la cerámica ateniense en el resto de Grecia es asombrosa. Incluso llegaron a fabricar unos vasos enormes, del tamaño de un hombre, que se colocaban sobre las tumbas con una función esencialmente conmemorativa y que presentaban una excelente simetría y una decoración geométrica con una precisión absoluta de arriba abajo. No quedaba sin decorar ni un ápice. Por eso se dice que los artistas de aquella época tenían *horror vacui*, es decir, miedo al vacío. No querían dejar ninguna parte del vaso sin dibujar.

—¿Solo dibujaban formas geométricas? ¿Ningún monigote?

—Poco a poco comenzaron a intentar representar escenas de la vida cotidiana, personas, animales y por supuesto... funerales.

—Pero ¿por qué funerales? ¡Ni lo digas! ¡Cruz, cruz!

—Piensa que la mayor parte de la cerámica que ha llegado hasta nosotros precisamente ha sido porque estaba relacionada con el mundo funerario. Los vasos que eran muy grandes tenían una función conmemorativa en las tumbas, mientras que los que tenían un tamaño pequeño se colocaban a modo de ofrenda dentro de la tumba. Por eso se han conservado intactos, de modo que podemos estudiarlos mejor. Además, hemos comenzado a distinguir la manera de dibujar de los artistas ceramógrafos y les pusimos nombre. Por ejemplo, el Maestro del Dípilon, el Pintor de Hirschfeld, etc.

—Otra vez me estás hablando de cerámica.

—Es que es uno de los restos más importantes que tenemos de aquella época.

—Sí, pero es que me van surgiendo preguntas básicas. Por ejemplo, ¿cómo fue evolucionando el mundo griego hasta alcanzar la Grecia clásica que comentaste antes? ¿Dónde comenzó ese desarrollo?

—En los lugares donde había habitantes con almas viajeras, más proclives al comercio y a los viajes: Eubea, Creta y las islas del Egeo oriental. Las ciudades vecinas de Calcis y Eretria, situadas en la isla de Eubea, competían entre sí. La competencia impulsa la búsqueda de la excelencia. ¿Cuánto tiempo puedes quedarte sentado a contemplar cómo cambian de dirección las aguas del estrecho de Euripo?* Si aguantas mucho, el cerebro se te atrofia, así que para evitarlo te subes a un barco y te vas. Entonces, alguno de esos viajeros inteligentes observó que, más allá, en el desarrollado Oriente, hacia las zonas de Fenicia, utilizaban otro tipo de escritura, con pocos símbolos, de modo que decidió tomarla prestada, le añadió las vocales, cambió un poco los fonemas para adaptarlos a su lengua griega y creó la primera escritura del mundo en la que cada letra simbolizaba un sonido del habla humana. Los griegos, que durante siglos habían olvidado la escritura, esa escritura suya micénica difícil de usar y reservada solo a unos pocos, ¡ahora disponían de una herramienta que cambiaría toda su civilización!

—Tampoco fue para tanto, que no hicieron más que inventar un alfabeto.

—Te equivocas. Debido a su sencillez el invento resultó ser sensacional. Piénsalo, solo un puñado de letras, cada símbolo representaba un sonido, de modo que bastaba con aprender unos pocos símbolos para poder reflejar el pensamiento y la voz de uno

---

* Estrecho situado en el mar Egeo que separa la isla griega de Eubea de la región de Beocia, en Grecia continental. Está sujeto a corrientes que invierten su dirección hasta cuatro veces al día por efecto de la marea (*N. de la t.*).

mismo. Las consecuencias y lo que supuso ese gran hallazgo fueron mucho más allá de lo que nadie podía imaginar. Este extraordinario invento allanó el camino para que se produjera el «milagro» de la antigua civilización griega. A partir de ese momento, cualquier tipo de información podía transmitirse con mayor facilidad y llegar a mucha más gente. En la simplicidad encontró el terreno abonado la semilla que más tarde llevaría al pueblo a tomar las riendas de su propio destino, a la difusión del pensamiento, a la creación de la filosofía y la ciencia, y al nacimiento de la democracia.

—Cuando me hablaste del Lineal B, me dijiste que solo se trataba del registro de la contabilidad de palacio. ¿Esta nueva manera de escribir era diferente?

—Totalmente. La escritura griega tiene una hermosísima peculiaridad que a menudo pasa desapercibida y es que los textos griegos más antiguos que se conservan suelen estar escritos en metro, es decir, en metro poético.

—¡O sea que les daba por escribir poemitas! ¿Estás bromeando?

—No es ninguna broma, fue así. La poesía comenzó a escribirse en cuanto se descubrió la escritura griega alfabética. Sin duda, se trata de todo un arte, ¡de nuevo el arte ante nosotros! Así que desde ese preciso momento en el que alguien pudo plasmar su pensamiento y su palabra, y otra persona pudo leerlo en algún lugar lejano y mucho más tarde, el mundo entero cambió. Las palabras que antes se las llevaba el viento, se habían convertido en imágenes que habían llegado para quedarse. Un dato no muy conocido es que desde el principio no existió un único alfabeto griego, sino que hubo muchas variantes locales y con muchas diferencias entre ellas. Lo más fascinante, sin lugar a duda, es que inmediatamente después de la invención del alfabeto griego y de su difusión se crearon los dos mayores *bestsellers* de la literatura universal: la *Ilíada* y la *Odisea*.

—¿Quieres decir que se escribieron entonces?

—No sabemos si realmente se escribieron entonces, ¡pero se crearon entonces! La poesía épica era memorizada por cantores profesionales itinerantes y se cantaba por todo el mundo griego. Estos dos gigantes de la literatura han alimentado la imaginación del hombre durante casi tres mil años; son conocidas en todos los rincones del planeta, han inspirado a artistas y a no artistas, quizá más que ninguna otra cosa en el mundo. Las epopeyas homéricas se hicieron famosas desde el momento de su creación, porque su contenido era excelente. Las escenas que aparecen en ellas nos hacen estremecer hasta el día de hoy.

—¡Sí, claro!

—¡Oye, que te lo digo yo, sus escenas son de primera! ¡Imposible quedarse con una sola! ¿Tal vez con la escena de la *Ilíada* en la que Aquiles, destrozado por la muerte de su mejor amigo, Patroclo, encarga una nueva armadura a Hefesto y vuelve al campo de batalla para cobrar venganza? Mata a tantos troyanos que el río Escamandro, inundado de sangre, se alza y lucha contra el propio héroe mítico.

—¿Era ya entonces famoso Homero o fuimos nosotros quienes lo hemos descubierto y lo admiramos?

—Nunca ha decaído la popularidad de Homero. ¡Es el más grande de todos los *bestsellers*! Homero no es propiedad únicamente de los filólogos, sino que pertenece a la tradición popular que dio origen a las epopeyas. Incluso nuestras abuelas, que nunca aprendieron a escribir, sabían quiénes eran Odiseo y Aquiles. Homero nació en la tradición popular y continúa formando parte de ella.

—¿Folclore griego?

—¡Sí, pero de dimensiones épicas! ¿Te das cuenta de lo que enganchaban sus epopeyas? Guiones elaborados con trucos narrativos de los que seguimos disfrutando hasta el día de hoy. Fíjate en la estructura de la *Odisea*: comienza justo antes del final de la trama, con Odiseo, el prototipo de hombre resuelto y viajero, atrapado en la isla de Calipso, después de haber pasado por un sinfín de aventuras, se esconde allí del dios Poseidón, que lo busca para matarlo. De forma paralela nos muestra la situación en Ítaca, donde el reino de Odiseo se tambalea, mientras su hijo y su esposa luchan por aguantar la situación y lo esperan soportando las presiones de los pretendientes. Ya desde el principio el guion te introduce en una situación muy complicada, de modo que es inevitable preguntarse cómo nuestro protagonista ha podido llegar hasta aquí y cómo conseguirá resolverlo todo. En un momento en que Poseidón está ausente, los dioses intervienen y deciden permitir que Odiseo regrese a su casa. Odiseo se construye una balsa para regresar finalmente. Pero ¿podrá lograr su objetivo?

—¿Se produce algún giro argumental?

—Poseidón regresa, provoca una tormenta, y a continuación viene una de mis escenas favoritas. Una pequeña diosa, Leucótea, extiende su velo como salvavidas a Odiseo y lucha por mantenerlo con vida en medio de las furibundas olas hasta que Atenea pueda intervenir. Finalmente, se salva en el último momento llegando como náufrago a la isla de los feacios. ¡Pero esto no ha hecho más que comenzar y solo estamos a la mitad de la «película»! Odiseo cuenta a los feacios todo lo que le ha sucedido hasta el momento e intenta convencerlos para que lo ayuden. ¡Es ahora cuando comienzan los *flashbacks*!, llenos de acción y suspenso. Sus aventuras con el cíclope Polifemo, con Circe, con Escila y Caribdis, con los lestrigones, con los lotófagos, ¡incluso tiene que descender al Inframundo! Así que, después de vivir toda esa montaña rusa de hazañas y emociones, los feacios lo ayudan y Odiseo llega a Ítaca. ¿Y aquí termina todo? Pues por supuesto que no. Igual que un guionista justo antes del final de la película, Homero hace que el héroe todavía tenga que enfrentarse a más dificultades, así que Odiseo deberá encontrar la manera de recuperar su trono. Para ello tendrá que disfrazarse de mendigo y derrotar con astucia a sus numerosos enemigos. Cuando todo termina de una vez, no solo Odiseo se ha ganado su final feliz, sino también todos nosotros. Y aunque lo parezca, no estamos ante un guion escrito en la actualidad, sino ante el guion de aventuras y fantasía más antiguo jamás escrito.

—¿Son las epopeyas de Homero en realidad un fiel reflejo de aquella época? ¿Con Troya y Micenas y todos esos grandes héroes?

—¡No, nada más lejos de la realidad! Es un gran error considerar que los hechos que relata Homero son históricos. Se trata de una mezcla de restos micénicos con muchos elementos pertenecientes al periodo geométrico, donde se gestaron las epopeyas homéricas. Sería de una simpleza enorme creérselo todo de manera literal; al fin y al cabo nos encontramos ante un producto de la imaginación poética y creativa. No es historiografía.

—¡Ya, pero como se han encontrado Troya, Micenas y los palacios de los héroes...!

—Se encontraron los yacimientos arqueológicos que probablemente se llamaban Troya y Micenas en el pasado y que alimentaron la imaginación que originaría el mito, pero el mito en sí se vio modificado. Por ejemplo, tampoco se puede demostrar que la denominada tumba de «Agamenón» fuera realmente suya.

—¿Sabes qué? Me estás recordando a mi profesora de Lengua y Literatura que en la escuela nos contaba que a lo mejor Homero no había existido y que quizá estas epopeyas habían sido compuestas por varios poetas, quienes más tarde habrían unido las distintas composiciones. ¿Dónde encaja todo esto?

—Esa es la llamada cuestión homérica. Si los poemas homéricos fueron compuestos por uno o por varios autores y si el que los compuso fue Homero, o cuándo lo hizo, y demás preguntas por el estilo. Pero, si dejamos de lado los elegantes embrollos y las desavenencias filológicas, las increíbles disputas, las disensiones y los desacuerdos que surgieron a partir del estudio detallado de la *Ilíada* y de la *Odisea*, las epopeyas de Homero han constituido la piedra angular del concepto de cultura y educación, así como la base de la educación clásica.

—Nunca me había imaginado que desde el mismo momento en

el que surge la escritura griega, esta se hubiera utilizado para algo tan importante.

—Bueno, no te emociones tanto. No vayas a pensar ahora que todas las inscripciones, y en particular las más antiguas, fueron composiciones de gran valor poético. Los antiguos griegos solían escribir, grabar para ser exactos, cualquier cosa que te puedas imaginar, a menudo esas inscripciones solo indicaban la pertenencia.

—¿Como cuando ponemos el nombre en nuestras pertenencias? ¿Como si dijéramos «esto pertenece a fulanito»?

—¡Exactamente! Una de las inscripciones más antiguas y famosas en griego aparece grabada en una copa de cerámica procedente de Rodas, pero hallada en una pequeña isla frente a Nápoles, en Italia —ya se sabe, los griegos y sus almas viajeras, las almas viajeras y sus cosas—. Y dice así: «Yo soy la copa de Néstor, agradable para beber. Quien beba de mí pronto quedará dominado por el deseo de Afrodita, la de hermosa corona».

—¿Y cuál es el deseo de Afrodita, la de hermosa corona?

—¿En serio me estás preguntando cuál es el... deseo de Afrodita que domina a la gente?

—¡Ah!

—Sí, justo lo que pensaste.

—¡Un momento! Pero ¿es la copa la que habla?

—¡Sí! Entonces se pensaba que todos los objetos tenían alma y las inscripciones se escribían como si el propio objeto hablara. Otra inscripción que se conserva, una de las más antiguas, procedente de Metone, en Pieria, insiste en que la copa pertenece a alguien. ¡Incluso amenaza! «A quien coja mi copa —reza la inscripción—, que le saquen los ojos.» Hay otra procedente de Marsella que dice: «Pertenezco a Aristón ¡Bájame! ¡Déjame en paz!».

—¿Es que solo sabían escribir amenazas?

—¡Por supuesto que no! Puede que con tanto cambio de estación a los pueblos del Mediterráneo les den más dolencias de lo normal y que, en general, sean *drama queens*, pero desde siempre la diversión, la alegría y el amor han estado por encima de todo. Por eso también había inscripciones más bohemias y despreocupadas, como la que aparece en un enócoe, una jarra destinada para el vino, encontrada en Atenas, en la que se afirma: «Quien de los bailarines baile con mayor desenfreno, ¡recibirá este enócoe como regalo!».

—¿A qué se refiere con eso de desenfreno?

—Que debía bailar con más soltura y descaro.

—Pero ¿dónde bailaban?

—En este caso probablemente en un simposio o banquete. Más o menos en esta etapa de la historia de Grecia el famoso simposio debe haberse convertido ya en una costumbre. Además, en medio de la fiesta se divertían con juegos y competencias, de ahí la inscripción en la jarra, que a su vez era el premio, y que nos informa de que «esta jarra será para quien baile mejor». También encontramos ejemplos de lo contrario. Hay una inscripción que nos insta a relajarnos, diciendo: «Bebe, quítate la sed, vive». Incluso tenemos otra que es un regalo de un enamorado y que reza así: «Mogeas me regala a su esposa Eucaris, para que beba cuanto quiera».

—¡No está nada mal! ¡Qué bien lo pasaban en la Grecia geométrica! Oye, una cosa, ¿el periodo geométrico se considera prehistoria o historia?

—Durante el periodo geométrico, la antigua Grecia entra en su periodo histórico. La fecha oficial que marca el límite es el año 776 a. C.

—Pero ¿no se puede redondear esta fecha? ¿O en ese año sucedió algo trascendental?

—Claro que sí. ¡Los primeros Juegos Olímpicos en la antigua Olimpia! Durante el periodo geométrico se fundaron y desarrollaron los primeros santuarios panhelénicos, como el de Delos consagrado a Apolo, el de Eleusis a Deméter y el de Olimpia a Zeus, así como los primeros oráculos, el de Dodona a Zeus y el de Delfos a Apolo. Como ya hemos comentado, en esta época también se instituyen los Juegos Olímpicos. Al principio a pequeña escala, pero rápidamente se convirtieron en el acontecimiento más destacado del mundo antiguo.

—Oye, en algún sitio leí que en la antigua Grecia los espectadores solían lanzar ropa al vencedor de los juegos. ¿Es eso cierto?

—Bueno, mira... esta es una buena ocasión para aclarar algunos aspectos.

Dato curioso
¿En la antigua Grecia hacían esto, lo otro y lo de más allá? Las «peores» preguntas

—¿Qué comían en la antigua Grecia? ¿Cómo vivían en la antigua Grecia? ¿Creían en los dioses? ¿Hacían esto o lo otro en la antigua Grecia?

—Todo arqueólogo, en cualquier discusión que surja sobre la Antigüedad, se habrá topado con cuestiones como estas. Desgraciadamente, todas estas preguntas son erróneas, ya que quienes las formulan no saben a qué nos referimos exactamente cuando hablamos de la antigua Grecia. La mayoría de las veces probablemente se trate de una confusión entre la antigua Grecia y la Atenas clásica, lo que se explica tanto por el hecho de que la Atenas clásica fuera la cúspide de la civilización griega antigua, como por el hecho de que la gran mayoría de las fuentes escritas que han llegado hasta nosotros se centren en este intervalo de tiempo. Sin embargo, la Antigüedad no se dio en un momento puntual en el tiempo, ni siquiera fue algo estático, sino que, por el contrario, hubo un cambio constante en el ámbito cultural, social, geográfico, etc. Por lo tanto, cualquier cuestión que se plantee sobre lo que se hacía en la antigua Grecia es incorrecta, porque ¿qué quiere decir en realidad la antigua Grecia? ¿Cuál de todas?

—¿Acaso hubo muchas?

—Cuando hablas de la Grecia antigua, ¿te refieres a la Eubea del siglo X a. C., cuando se reanudó el comercio con Oriente y con él llegaron nuevas ideas? ¿O a la ciudad de Argos del siglo IX a. C. con su aristocracia de jinetes? ¿O quizá a la Esparta del siglo VIII a. C., que tenía un régimen militar basado en la curiosa costumbre del doble reinado? (Sí, en Esparta había dos reyes que ostentaban el mismo rango, porque cuando había que llevar a cabo una guerra, uno marchaba como jefe del ejército, mientras que el otro se quedaba en la ciudad para que esta no quedara desprovista de mando.) ¿O te refieres a la isla de Samos del siglo VII a. C., con su rico puerto y su resplandeciente y opulento santuario consagrado a la diosa Hera, que atraía a peregrinos de todo el mundo? ¿O acaso a la Atenas del siglo VI a. C. inmersa en un malestar social que finalmente llevaría a Clístenes a crear el milagro de la democracia? ¿O a la Macedonia del siglo V a. C., con sus comunidades rurales y sus pastores seminómadas que vagaban por las montañas, mientras los reyes macedonios de la dinastía de los Argéadas intentaban controlar las casas reales más pequeñas y entablar comunicaciones con el sur de Grecia? ¿O a la Rodas del siglo IV a. C. con su rico puerto y sus centros de arte, donde estaban los mejores pintores y escultores de la época?

—Comprendo lo que quieres decir.

—Las diferencias entre las distintas etapas y espacios citados son significativas, tanto en el terreno cultural como en el de la política y la sociedad. La antigua Grecia no es algo inamovible. Así que probablemente mucho de lo que has oído sucediera en la antigua Grecia, pero otros hechos comenzaron en la prehistoria y se prolongaron durante toda la Antigüedad...

—¿Como por ejemplo...?

—Como el culto a los dioses del panteón. También, hay costumbres que comenzaron en la Antigüedad y han llegado hasta nuestros días, como los banquetes multitudinarios de carne asada —en la Antigüedad se realizaban después de los sacrificios a los dioses, y hoy en día lo tenemos en el cordero asado del Domingo de Resurrección— o la costumbre de poner a un nieto el nombre de su abuelo. Otros sucesos, sin embargo, fueron puntuales y solo se dieron en determinados lugares y épocas... Y me adelanto y te respondo antes de que preguntes; por ejemplo, en Esparta las chicas practicaban gimnasia igual que lo hacían los chicos. Otro ejemplo lo encontramos en los antiguos macedonios, que tenían la costumbre de partir a la mitad un perro para que pasara el ejército por medio de las dos partes en un proceso de limpieza ritual del ejército, antes de emprender una guerra.

—¿Entonces no tiene sentido formular este tipo de preguntas?

—¡No estoy diciendo eso! Por supuesto que lo tiene ¡y muchísimo! Estas preguntas son más que lógicas, y a menudo mucho más sustanciales que meras cuestiones relacionadas con la cronología. No obstante, no se trata de meter toda la información que tenemos sobre la Antigüedad en el mismo saco y en el mismo periodo de tiempo. Por ejemplo, no podríamos decir que, por norma general, en la Grecia del siglo XX la gente enviaba telegramas porque no tenía teléfono o se iba a una cabina a llamar. Del mismo modo, tampoco dirías que era habitual en la Grecia del siglo XX tener un teléfono celular. No porque no fuera cierto, sino porque no es exacto para todo el siglo XX en su conjunto. Puedes encontrar muchos ejemplos similares en la Antigüedad. Respecto a lo que comentabas de que los espectadores lanzaban ropa a los vencedores de los juegos... sí, en algún momento de la Antigüedad sucedió. Tenían la costumbre de arrojarle ropa al atleta como regalo y señal de admiración, pero ese hábito no se prolongó mucho en el tiempo.

7
QUIÉN MANEJA MI BARCA

LA ÉPOCA ARCAICA

—¿Después del periodo geométrico viene la época clásica? ¿Por fin hemos llegado?

—¡No! En medio se sitúa la época arcaica, un periodo sumamente importante. Se denomina así porque precedió a la época clásica. Digamos que fue quien le abrió camino y le dejó las tareas hechas, limpió la casa, cocinó, desenrolló las alfombras... En resumen, hizo todos los preparativos para que llegara la época clásica, que fue la que se llevó toda la fama y la gloria, aunque fue la época arcaica la que sentó las bases de lo que daría lugar al gran milagro clásico de la Antigüedad griega.

—Muy interesante, pero antes explícame en qué año estamos y si duró mucho esta etapa.

—La época arcaica comprende aproximadamente desde el 700 a. C. hasta el 500 a. C. Bueno, podemos alargarla un poco más, hasta el 480 a. C., cuando se produjeron las guerras médicas y se derrotó definitivamente al Imperio persa, que eran los imperialistas del momento, una especie de matones del mundo de aquella época.

—¿Qué es lo más relevante que ocurrió durante la época arcaica?

—Oriente siempre había ejercido una gran atracción e influencia sobre los antiguos griegos, que visitaron los puertos y las ciudades de los fenicios, de los asirios, de los egipcios y de otros pueblos que contaban con una civilización desarrollada. Tras fatigosas travesías por el agitado mar Mediterráneo, arribaban a los puertos en sus pequeñas y veloces embarcaciones, donde desembarcaban y se dirigían a los bazares y mercados de las ciudades extranjeras. Una vez allí, entraron en sus templos, vieron las enormes estatuas que erigían a sus dioses, contemplaron los relieves que decoraban las sólidas paredes, observaron sus tejidos, sus prendas, sus lujosos y cotidianos utensilios, decorados con todo tipo de ornamentos, diseños, formas y animales, tanto reales como míticos: leones, leopardos, ciervos, águilas, esfinges, buitres, gallos, cabras y, por supuesto, figuras antropomorfas; y como adorno, motivos florales para rellenar los huecos.

—¿Y les gustaban esos bazares y aquellas culturas de Oriente?

—¡Muchísimo! Los que no viajaban sentían envidia de aquellos griegos viajeros. Fue en esos viajes donde comenzaron a encontrar inspiración y así es como, poco a poco, empezaron a copiar motivos y diseños orientales y a reflejarlos en sus objetos y creaciones. Así es como el arte griego antiguo comienza a convertirse en un festival de geometría, a llenarse de animales, de flores, de figuras humanas y de cualquier otro diseño que la mente pudiera concebir. A la etapa en la que el mundo griego se ve enormemente influido por las nuevas modas traídas desde el extranjero, se le conoce como periodo orientalizante.

—Espera un momento... ¿Me llevaste del periodo geométrico a la época arcaica y ahora al periodo orientalizante? Pero ¿acaso ya terminamos con la época arcaica?

—El periodo orientalizante simplemente es un breve intervalo de tiempo dentro del arte, situado entre el periodo geométrico y la época arcaica. Lo encontramos en las primeras décadas de la época arcaica.

—¡Me estás confundiendo con tanta época, edad y etapa!

—¡Pero es que este periodo orientalizante es muy importante!

Fue el detonante que Grecia necesitaba allá por el siglo VII a. C. para después iniciar su propia transformación, que culminaría en la época arcaica.

—De acuerdo, pero ¿y más allá del arte? ¿Qué estaba pasando? ¿Cómo se vivía en la época arcaica?

—La tierra ya se había dividido en cientos de ciudades-Estado independientes, que en ese momento comenzaban a adoptar su forma definitiva

—¡Oye! ¿Cuál es esa forma definitiva de las ciudades-Estado?

—Pues, principalmente, se trataba de una ciudad fortificada que contaba con algunas estructuras básicas para todos, como el ágora, los templos y los gimnasios, pero fuera de las murallas también había a su alrededor tierras fértiles apropiadas para el cultivo de cereales, frutas y verduras con las que alimentar a la población.

—¿Y había muchas ciudades-Estado?

—Cientos. En general, hay que tener en cuenta que en la Antigüedad había cientos de entidades estatales griegas diferentes. La mayoría eran ciudades-Estado independientes, principalmente en el sur de Grecia, en las islas y en la costa de Asia Menor, mientras que en otras zonas quedaban algunos reinos pequeños —por ejemplo, en Macedonia, en el Épiro y en Tesalia—, así como algunas comunidades de las tierras montañosas de Grecia occidental, donde vivían en entornos más rurales y que estaban organizadas simplemente como «tribus» en vez de como ciudades-Estado o reinos.

—¡Pero si Grecia es muy pequeña...! ¿Dónde iban a caber cientos de ciudades-Estado con suficiente espacio a su alrededor como para tener tanta producción agrícola?

—¡Buena observación! Precisamente porque el espacio vital era limitado, muchas comunidades no disponían de suficientes tierras fértiles para producir pan para todos. La población no paraba de crecer, así que empezó a apretujarse. Y cuando la humanidad se apretuja... ¿qué le pasa?

—Que se enoja y discute.

—¡Exactamente! La solución más viable era que algunos hicieran las maletas y se fueran. La oleada de emigración de sus ciudades de origen a otros lugares aumentó y se denominó la segunda colonización griega o colonización histórica.

—Entonces, ¿la primera cuándo fue?

—¡Ya lo comentamos! ¡Tras la caída de los palacios micénicos! Alrededor de 1100-1050 a. C.

—¡Bueno, no me regañes! Que solo lo dijiste una vez. No esperes que me acuerde de todo.

—Tienes razón. En cualquier caso, la colonización fue algo decisivo, porque no fue fácil ni sencilla. Tenían que ir a la búsqueda de un lugar donde vivir, un lugar que pudiera mantenerlos y donde, de alguna manera, también pudieran convivir con la población ya existente en las nuevas zonas, lo que no siempre era factible. Tampoco todos los intentos tuvieron éxito.

—Pero ¿cómo puede ser tan difícil?

—Tomemos como ejemplo la antigua Tera, en la isla de Santorini. En ese entonces tenía muchos habitantes a los que sobrevino una sequía atroz, de modo que comenzaron a discutir y a pelear entre ellos. Quizá esas peleas se debieron a motivos políticos, quizá fuera por alguna herencia, o quizá discutieran por las tierras, pero si los vecinos de un pueblo quieren pelearse, se van a pelear. Así que algunos partieron en barco en busca de otras tierras y las encontraron, pero no se establecieron en ninguna. Volvieron a subirse a sus embarcaciones para regresar a su pequeña isla, pero, cuando llegaron, los que se habían quedado no los recibieron precisamente con los brazos abiertos. Es como si les dijeran: «Justo ahora que estamos más a nuestras anchas y tranquilos que nunca, tienen que volver?». Así que bajaron hasta el puerto y comenzaron a apedrearlos para que se fueran. Nuestros muchachos, apaleados y zarandeados por el mar, huyeron de nuevo y llegaron a la costa del norte de África, donde fundaron la ciudad de Cirene.

—¿Y se asentaron allí?

—¡Y no solo se establecieron allí, sino que Cirene se convirtió en una ciudad enorme y muy próspera! Esta es tan solo una de los miles de historias y movimientos similares que se produjeron en aquellos años, desde diversos lugares de Grecia hacia todo el Mediterráneo. Numerosas ciudades, grandes y pequeñas, enviaron colonos a los cuatro puntos del horizonte. Algunas enviaron muy pocos; otras, a muchos. A veces incluso dos o más ciudades se unían para fundar una nueva colonia.

—¿Cómo? ¿También hubo alianzas?

—Sí. La primera colonia en el sur de Italia, llamada Pitecusas, una isla frente a la actual Nápoles, fue fundada por habitantes procedentes de Eretria y Calcis. Al igual que la colonia situada justo enfrente de Pitecusas, que fue Cumas.

—¿Pitecusas? ¡Vaya nombre! Suena a mono. ¿Acaso había monos?

—Alguno seguro que había. ¡Seguramente el nombre proceda de la palabra griega *pithos,* que significa «vasija»! ¡Una tinaja de barro! Síbaris también fue fundada por colonos de Acaya y Trecén. Hubo múltiples alianzas entre ciudades. Y todas estas personas que tuvieron que emigrar, abandonar sus ciudades y sentir el desarraigo, atravesaron mil olas, literal y figuradamente, para poder sobrevivir en su nueva patria, así que es lógico que establecieran vínculos entre sí. Crearon nuevas patrias y nuevas relaciones; además tuvieron que mitigar sus desavenencias sociales previas, lo que les preparó para los cambios que estaban por venir. El mundo griego estaba cambiando a una velocidad trepidante.

—¿Así que se unieron? ¡Qué raro! ¿No había piques entre ellos?

—Por supuesto que los había. Estas uniones fueron una excepción. ¡También había cambiado la manera de hacer la guerra! Durante la época arcaica se delimitó la forma de llevar a cabo la guerra incluyendo a todos los ciudadanos en edad de combatir de todas las ciudades. La denominada falange hoplítica —en la que todos los soldados estaban juntos, colocados en fila, el escudo de uno protegiendo al soldado de al lado, formando un muro de hierro inquebrantable del que solo sobresalían sus picas— era no solo una nueva forma eficaz de realizar la guerra, sino también una excusa para que los miembros de la comunidad se unieran entre sí y sintieran que tenían en sus manos el destino de su ciudad. Al fin y al cabo, como dijo Heráclito: «La guerra es el padre de todo y el rey de todo».

—¿Ese es el que dijo lo de «todo fluye»?

—El mismo Heráclito, el filósofo oscuro. Así le llamaban desde la Antigüedad porque no entendían exactamente lo que quería decir. En este fragmento en cuestión probablemente se refería a nuestro dicho popular de «el que quiera azul celeste que le cueste».

—Pero ¿qué pasa con los filósofos? ¿Es ahora cuando comienza la filosofía en la antigua Grecia?

—Sí, es en esta época cuando surge la filosofía. Heráclito no era más que uno del montón de los filósofos de la naturaleza que aparecieron por aquel entonces. Tales, Anaximandro, Anaxímenes...

—¿Y dónde vivían todos?

—¿Pero de qué estamos hablando todo este tiempo? Vivían donde se produjo ese agradable mestizaje cultural y social: en las colonias de Asia Menor y del sur de Italia. Incluso los dividimos en «escuelas»...

—¿Tipo primaria y secundaria?

—¡Pero qué estás diciendo! Lo de «escuela» es una manera de hablar. Me refiero a grupos. Los clasificamos así porque no eran ni uno ni dos, sino que había muchos, te lo aseguro. Estaba la escuela de Mileto, la escuela de Éfeso, la escuela de Elea...

—Dios mío, ¡las colonias cambiaron el mundo antiguo!

—La verdad es que sí, porque muchas de ellas mantenían relaciones con sus metrópolis, de modo que construyeron una red comercial muy activa con ellas. La ciudad de Corinto se convirtió en la reina de todas. Fundó muchas colonias, se enriqueció y levantó una floreciente red comercial; y además su cerámica se hizo famosa por todo el Mediterráneo. Por no mencionar su secreto: tenía un doble juego con el comercio. Tenía un puerto en el golfo de Corinto, denominado Lequeo, para los barcos que partían hacia el mar Jónico y Occidente, Italia y más allá, y otro puerto situado en el golfo Sarónico, llamado Céncreas, para los que se dirigían hacia el Egeo y Oriente.

—¿Al pasar la barca me dijo el barquero los de Corinto no pagan dinero...?

—¿Te das cuenta de lo atemporal que es la relación entre Corinto y el mar? ¿Cómo no iba Corinto a hacerse la interesante? Conocía bien el mar. Aún no existía el canal de Corinto, pero tenía el *diolkos*, es decir, un camino guiado por el que las embarcaciones empujadas sobre grandes troncos de madera podían cruzar de un lado a otro del Istmo.

—¡Pero qué genialidad! No tenía ni idea de que Corinto estuviera tan vinculada al mar.

—Además, según cuenta la leyenda, fue el corintio Aminocles quien inventó la trirreme, por encargo de Samos o de Atenas; las fuentes antiguas no se ponen de acuerdo —cosa que suele suceder a menudo— sobre si realmente Aminocles fue el artífice o se debió a otro corintio. Este tipo de nave se convirtió en el barco de guerra más popular de la Antigüedad.

—Hace poco volviste a hablar de la cerámica corintia. ¿Tenía algo de especial?

—Los productos de Corinto se distribuían en hermosos envases de arcilla que pronto se convirtieron en joyas en sí mismos, así que los vasos corintios llegaron a ser objetos muy preciados. Los ceramistas de Corinto fabricaban delicados vasos minuciosamente decorados que todavía hoy en día continúan impresionándonos. Además, inventaron un tipo de decoración propia, pues pintaban en tonalidades oscuras las figuras de los vasos y después con un objeto punzante dibujaban también los detalles, creando así elegantísimas obras de arte. A este tipo de técnica con esta decoración la llamamos cerámica de figuras negras. La encontramos por todo el Mediterráneo, pero la mayoría procede de Corinto, aunque también las hay de todo el mundo griego. Por ejemplo, los corintios fabricaban unos extraños vasos denominados *exaliptro* (del verbo *ex-aleífo,* «untar»), de los que era imposible derramar su contenido, ya que tenían el borde vuelto hacia el interior, de modo que cuando ibas a vaciar el vaso, este atrapaba el líquido en su interior. Contenían preciados aceites perfumados o ungüentos y cremas. En varias partes del mundo griego, por ejemplo en Macedonia o en Rodas, se utilizaban en los funerales; quizá contuvieran los perfumes con los que preparaban a sus muertos para su última morada, pero en Corinto les daban un uso distinto porque no se han encontrado en las tumbas.

—Durante todo este rato estás hablando sin parar y llegué a la conclusión de que hay dos ciudades de la antigua Grecia que conozco por encima de las demás, Atenas y Esparta, y ni siquiera las has mencionado todavía.

—No las he mencionado todavía porque estas dos grandes ciudades no consideraron la colonización como la mejor solución a sus problemas, sino que trataron de resolverlos en el espacio donde vivían. Pero Esparta y Atenas se convertirían en las ciudades más importantes del mundo arcaico.

—Háblame de Esparta. ¡Cuenta, cuenta!

—Esparta fue la ciudad-Estado griega más poderosa de la época arcaica. Lo sabía y estaba muy orgullosa de ello. Había creado un sistema social militarista, muy diferente al del resto de ciudades griegas. Cuenta la leyenda que fue creado por el legislador Licurgo, quien les pidió que acataran las leyes y que no cambiaran nada hasta que él regresara. Después se marchó de Esparta y nunca regresó para asegurarse su aplicación perpetua, así que los espartanos no cambiaron nada.

—¿Y ya no lo cambiaron nunca más?

—Mucho más tarde. Lo cierto es que tanto en la época arcaica como en la clásica los espartanos honraron las leyes de Licurgo. Todos los ciudadanos espartiatas eran guerreros profesionales. Además, las mujeres practicaban deporte al igual que los hombres. El espartiata era primero soldado y después hombre, y, de esta manera, Esparta evolucionó hasta convertirse en una máquina de guerra de poder insuperable.

—Impresionan mucho las historias de Esparta.

—Desde luego que sí. Era una sociedad cruel. Todos los años celebraban la prueba de la *krypteia*, en la que los jóvenes espartanos tenían que encontrar y matar a un esclavo en mitad de la noche. Los espartanos también tenían a gran parte del Peloponeso completamente amedrentada. Se peleaban de manera regular con las regiones de la Argólide y de Arcadia, pero con Mesenia en particular no paró hasta minar su coraje y su ánimo, al final incluso logró someterla y convertirla en su peón. A partir de entonces comenzó la rivalidad y enemistad con los mesenios, que duraría siglos.

—Me acabas de tirar al suelo la imagen que tenía de Esparta.

—No lo veas así. Piensa que no solo existen el blanco y el negro. Esparta era digna de admiración en algunos aspectos, pero también era una sociedad cruel. ¿Por qué deberíamos idealizarla? Era lo que era, con sus cosas buenas y malas.

—Pero todo el mundo la admira, tanto a Esparta como a la antigua Grecia en general.

—Y no es ningún disparate. Simplemente no era una sociedad perfecta. Era una civilización que, a pesar de que tuviera los aspectos negativos que cualquier sociedad puede tener, en algunas facetas consiguió potenciar un producto cultural excepcional.

—Y construir un Partenón hecho y derecho.

—¡Pero todavía no! El Partenón se construyó mucho más tarde, pero ya que lo mencionas, fue durante la época arcaica cuando la arquitectura empezó a adquirir un carácter definido y claro. Todo lo que ves de arquitectura que te hace decir... «mmm, ¡es griego!» —aunque no lo sea, porque los romanos realizarían más tarde diseños similares— se creó en esta época. Primero se crearon los órdenes arquitectónicos más famosos: el dórico y el jónico. El dórico sobre todo era el favorito de las poblaciones de la Grecia continental, que en su mayoría eran de origen dorio, mientras que el jónico lo era de los habitantes de las islas griegas y de Asia Menor, que mayoritariamente eran de origen jonio.

—No sé diferenciar el uno del otro.

—El orden dórico es más firme, más elegante. Tiene columnas estriadas de aristas vivas, y como «remate» —el capitel, es decir, el yelmo de la columna— un diseño sencillo, modesto, discreto y sin pretensiones, como un plato o un cono truncado invertido. El mejor ejemplo que existe para poder comprender la evolución del estilo dórico es el templo de Hera en la antigua Olimpia. Se trata de uno de los templos más grandes y antiguos que han sobrevivido hasta nuestros días. Aunque originalmente era de madera, las columnas que se iban pudriendo o envejeciendo fueron sustituidas más tarde por otras nuevas de piedra. Pero por cada columna que se cambiaba, la de piedra que la sustituía seguía la moda y las dimensiones propias de su época, por lo que el resultado fue un templo con columnas dóricas de estilos diferentes. El estilo dórico al principio tenía columnas más robustas, con capiteles abombados y curvados, como si fuera una hogaza de pan, pero con el paso de los años la columna se fue haciendo más fina y esbelta, y los capiteles más cónicos y recogidos, como ahora pueden verse en el Partenón.

—¿Y el orden jónico cómo es?

—Era más ligero, más conectado con el mar. Las columnas eran más estrechas, también acanaladas, pero con los bordes redondeados y dos volutas que tienen forma de espiral en cada capitel. Es la forma más típica utilizada en todo el mundo cuando alguien quiere imitar mínimamente un diseño griego. En la costa norte de Asia Menor también vivían los eolios, quienes, por supuesto, tenían su propio estilo de capitel, que tenía el original e inesperado nombre de... capitel eólico, pero no causó mucho impacto. Además, se parecía un poco al del jónico, así que no llegó a tener mucho éxito.

—Me tienes mareado con tanto capitel. ¿Hicieron algo más aparte de capiteles?

—Ahora es cuando el arte se prepara para despegar. Todavía no ha alzado su vuelo, pero está calentando motores. El elemento artístico está despertando, listo para eclosionar más allá del mármol y de la arcilla. En el terreno de la escultura comenzaron a aparecer las primeras grandes estatuas. Como ya dijimos, nuestros antepasados viajaban mucho y sentían una especial predilección por las regiones civilizadas de Oriente, en especial por Egipto, que fue la que más les impresionó.

—¿Por qué Egipto?

—Tenía una civilización muy avanzada que era tan antigua para ellos entonces, como los antiguos griegos lo son para nosotros ahora. Además, Egipto contaba con una gran tradición y experiencia en el campo de la escultura. Las hacían enormes e impresionantes, de basalto, de granito y de otras piedras colosales, manteniendo el mismo estilo durante siglos y siglos. Cuando se representaba una figura de pie, los brazos se pegaban al cuerpo y siempre aparecía adelantado un pie, para guardar el equilibrio, no fuera a ser que se desprendiera el granito, aplastara a algún transeúnte y tuviéramos algún disgusto. Así que los griegos, al principio, calcaron el modelo egipcio y empezaron a reproducirlo en casa.

—¿Lo tomaron como modelo?

—Los egipcios solían hacer estatuas basándose en un determinado modelo de medidas para que les salieran todas iguales. De hecho, cuenta la leyenda que dos samios, Teodoro y Telecles, hijos de Roico, o quizá fuera Telecles el padre de Teodoro y de Roico, —es un poco complicado saberlo—, dos escultores de Samos, fueron a Egipto y aprendieron la técnica que utilizaban los egipcios para hacer estatuas. De modo que los dos hermanos, cada uno por su cuenta y en talleres diferentes, empezaron a esculpir siguiendo el canon egipcio de la mitad de una estatua cortada verticalmente desde la cabeza hasta la entrepierna, uno la parte izquierda y otro la derecha, y, cuando acabaron, las juntaron. Las dos partes se unieron y encajaron perfectamente.

—Así pues, ¿los griegos de la época arcaica empezaron a hacer estatuas a semejanza de las egipcias?

—Idénticas, no. Los escultores griegos del Egeo se inspiraron de manera especial en las obras maestras egipcias, pero normalmente las reproducían a menor escala, y solo en raras ocasiones las hacían tan grandes como las egipcias. Sin embargo, tampoco esta etapa les duró mucho, porque había algo que no les terminaba de convencer.

—A lo mejor se cansaron...

—O tal vez no encajara con su manera de ser, así que pensaron en cambiarlo todo un poco. En primer lugar, los egipcios esculpían las estatuas con ropa. Los griegos las querían al desnudo. En segundo lugar, pronto las manos se vieron liberadas de los costados, de modo que el cuerpo empezó a adoptar una postura más natural. De esta manera nació el tipo de estatua que conocemos como kuros, y que llamamos kore cuando se trata de mujeres. Todas estas estatuas tenían una leve sonrisa. Además de por la postura, también podemos averiguar si la estatua es arcaica por la denominada «sonrisa arcaica o eginética». Esta moda evolucionó inicialmente en la Grecia insular, pero... si la envidia fuera tiña, ¡cuántos tiñosos habría!, así que todos se contagiaron, y los kuros se extendieron por la Grecia continental. Además, ahora que me acuerdo, se dice que Teodoro y Roico construyeron una crátera de oro enorme para Creso, el rey de Lidia, en la que cabían mil ochocientos litros de vino.

—Pero ¿qué es una crátera?

—Una crátera es una vasija grande donde se preparaba la mezcla de vino y agua que los antiguos bebían en los banquetes, puesto que no bebían vino puro. Las cráteras solían ser de cerámica y tenían una gran capacidad.

—De forma intencionada o no, me llevaste otra vez a la cerámica.

—Ahora es cuando verdaderamente comienza a triunfar el arte de la cerámica. Los atenienses vieron la técnica de las figuras negras que habían descubierto los corintios y no desaprovecharon la oportunidad. Se dijeron: «Si los corintios pueden hacerlo, nosotros también». Esta técnica de las figuras negras les gustó muchísimo más a los atenienses y en ellos encontró a sus perfectos exponentes, de modo que muchos artistas adoptaron ese estilo. El *summum*, sin embargo, fue un trío de artesanos que trabajaba simultáneamente en talleres aledaños, en aquellas estrechas y sucias callejuelas bajo la roca de la Acrópolis.

—Háblame de ellos...

—Uno de ellos era Lido.

—¿Nombre o procedencia? ¿Acaso era de la región Lidia?

—Pues quizá fuera un inmigrante de Lidia y por eso tuviera ese nombre. El segundo fue Exequias y el tercero fue el Pintor de Amasis.

—Entonces, ¿estos tres fueron los mejores pintores de vasos de figuras negras? ¿Lido, Exequias y Amasis?

—¡No, Amasis, no! ¡El Pintor de Amasis!

—¿Cuál es la diferencia?

—¡No conocemos su nombre! Pero sí sabemos que pintó cerámica para un alfarero llamado Amasis. Así que le llamamos el Pintor de Amasis. El propio Amasis también tenía un nombre extranjero, egipcio. Quizá fuera egipcio, de hecho.

—De acuerdo. Así pues, ¿estos tres eran la crema y nata de los pintores de vasos en Atenas?

—De los pintores de cerámica de pinturas negras, sí. Porque justo antes de que se produzca el declive de la época arcaica en Atenas se produce otra innovación más. En aquella época, en torno al año 530 a. C., un alfarero, Andócides, tenía a su servicio a un pintor cuyo nombre desconocemos.

—No me lo digas... ¿Lo llamamos el Pintor de Andócides?

—¡Eureka! Veo que lo vas entendiendo. Este pintor en cuestión, según parece, descubrió un nuevo truco para pintar. En lugar de pintar las figuras negras sobre el fondo rojo, como habían hecho hasta entonces, invirtió el orden y empezó a pintar formas rojas sobre fondo negro. En medio del rojo intenso y brillante de la arcilla, las figuras se veían más vivas y luminosas. Esta nueva técnica de figuras rojas pronto ganó terreno y muchos pintores siguieron el ejemplo de este artista desconocido.

—Ya me estoy confundiendo con tanta figura roja y negra.

—Es muy sencillo. Si en un vaso los dibujos de las personas aparecen en color negro, entonces se trata de la técnica de las figuras negras, mientras que si son rojas, pues entonces estamos ante la técnica de figuras rojas. Algunos incluso mezclaban ambas técnicas, un lado lo pintaban con figuras rojas y el otro con negras. A la cerámica pintada con esta técnica la llamamos bilingüe. Porque este término tiene un doble sentido, ¿lo entiendes? ¡Somos muy ocurrentes cuando queremos!

—Bueno, tampoco es que sean el alma de la fiesta.

—¡No quiero oír ni un comentario ingenioso al respecto! ¡Estamos hablando de una señora cerámica! ¿Te parece casualidad que los antiguos vasos griegos se encuentren entre las piezas más destacadas de los museos de todo el mundo? La primera generación de ceramistas de figuras rojas no fue muy numerosa, pero la segunda generación dejó las cosas bien claras. Comenzó a explorar las posibilidades de esta nueva técnica en la representación del cuerpo humano, y la imaginación —y la creatividad— se desbocó. Los llamamos el grupo Pionero, no porque inventaran esta técnica de figuras rojas en sí, sino porque la elevaron a un grado sin precedentes. Es el primer grupo artístico en la historia del arte occidental y probablemente todos fueran de la misma pandilla.

—¿Y eso cómo se puede demostrar?

—Por su trabajo y especialmente por las inscripciones de sus vasos, porque escribieron bastante en sus obras, y lo mejor es que las

QUIÉN MANEJA MI BARCA

firmaban con su nombre. Así que conocemos a muchos por su nombre: Eufronio, Eutímides, Esmicros —de *smicros,* que significa «pequeño» y probablemente se tratara de un apodo porque no sería muy alto—, Fincias e Hipsias. También asoman sus relaciones personales a través de su arte, ya que algunos incluso se dibujan de fiesta con los amigos. Eutímides incluso llegó a escribir en uno de sus vasos: «Eufronio nunca pintó tan bien como yo». Todos estos sencillos artesanos que trabajaban con sus manos se influyeron los unos a los otros, pero lo que nunca podían haber imaginado, ni siquiera en sus sueños más recónditos, es que miles de años después sus obras serían estudiadas y elogiadas como momentos supremos de la creación humana en los museos más importantes del mundo.

—Bueno, pero ¿cómo es que todos se hicieron colegas?

—El Cerámico —que entonces, a decir verdad, tenía el tamaño de un pueblo— era el barrio donde los alfareros de Atenas tenían sus talleres. Unos hacían cerámica, otros la pintaban, y algunos realizaban ambas cosas. Los pintores iban de un taller a otro. Los artesanos, en cambio, inclinados sobre el torno del alfarero, en pequeños habitáculos llenos de tierra, modelaban los vasos que hoy se exponen en los principales museos del mundo. Pero en aquella época los menospreciaban, ya que el hecho de no tener que utilizar todo el cuerpo para trabajar, sino tener que estar sentados y encerrados en un recinto sin que les diera la luz del sol se consideraba denigrante. Pero la arcilla escondía un beneficio, y es que comenzó a haber una gran demanda de vasos áticos en todo el Mediterráneo oriental e incluso más allá, ¡a orillas del mar Negro y en Occidente! Los alfareros trabajaban en sus chozas de barro. En las habitaciones de la entrada o en la calle exponían sus productos acabados para la venta, más atrás estaba el taller con el torno del alfarero, y había cubos de tierra y herramientas colgadas de las paredes. Ellos mismos iban siempre llenos de tierra, vestían ropas escasas y se echaban por encima una túnica y una capa los días que hacía frío. Sus dedos estaban siempre pegajosos y continuamente llevaban las uñas manchadas de rojo por la arcilla. Algunos vasos se dejaban secar y después de ser pintados, se cocían. Probablemente, las esposas y los hijos de los artesanos también los ayudaran en la fabricación de la cerámica. Y los días que tenían que cocerlas estaban nerviosos, porque la cocción era la parte más difícil e importante de su trabajo. Tenían que poner todos los vasos apilados en el horno, encender el fuego y alimentarlo durante horas y horas hasta elevar la temperatura a 800 y 900 grados, además de tomar y colgar todos sus amuletos sobre el horno para evitar que vinieran los genios del mal: Síntribe, que lo rompía todo; Sabactes, que derribaba las pilas; Esmárago, que hacía las grietas en los vasos; Omódamo, que las dejaba mal cocidas, y Ásbeto, que provocaba que el fuego ardiera sin control. Los dioses y los genios, además, eran omnipresentes en la vida de los antiguos griegos. Y, si lo piensas, el simposio y todos estos vasos de los que estamos hablando estaban destinados a un dios en particular.

—¿A Dioniso?

—¡Al gran Dioniso! Quizá el dios más influyente. Sin su culto la mitad de la civilización occidental no existiría.

—Bueno, estás exagerando.

—En absoluto. Verás, Dioniso era un dios muy original. Para empezar, según la leyenda, ¡nació dos veces! La primera vez lo hizo en Tebas, en la región de Beocia. Su madre, Sémele, una princesa de allí, engañada por Hera, le pidió a Zeus que se mostrara ante ella en todo su esplendor, bajo su verdadera forma, con «toda su gracia divina».

—O sea que Sémele tenía una... aventura extramatrimonial con Zeus ¿y va y le hace caso a la esposa de su amante?

—Bueno, sí, ¡pecó un poco de ingenua! Zeus intentó disuadirla, porque sabía que sus ojos mortales no podrían soportarlo, pero ya le había prometido cumplir lo que ella le pidiera. «¿Qué más te da, Sémele, mi apariencia real?», le decía. Pero ella insistió. Entonces, Zeus se le mostró en todo su esplendor, entre truenos y relámpagos, y todo el palacio quedó envuelto en llamas y Sémele, carbonizada. La Tierra arrojó ramas de hiedra en medio de la tormenta, que, tras haber alcanzado y haberse llevado al infante divino, lo envolvieron para salvarlo. Zeus se apiadó de él y se lo cosió en el muslo. Cuando la gestación se completó con ayuda de la sangre divina que fluía por la pierna del padre de los dioses, Dioniso nació por segunda vez y comenzó su carrera como nuevo dios. Y cuando naces en un entorno así y tu madrastra Hera te hace la vida imposible, pues no es de extrañar que el joven dios tuviera algunos problemitas mentales. Tenía que encontrar una manera de desahogarse, así que Dioniso descubrió el vino. ¿Y qué busca el vino?

—¿Qué busca?

—Fiesta, además de cantar y bailar. Al principio, los fieles entonaban cantos sencillos en honor a Dioniso, que evolucionaron con el tiempo y recibieron el nombre de ditirambo. El ditirambo se convirtió en todo un éxito nacional y se cantaba en todas las fiestas. Un grupo de hombres vestidos como machos cabríos saltaban coreando las letras de las canciones. Hasta que un día, en un festival en el Ática, allí entre los campos donde se había congregado todo el pueblo, sentados en el suelo o de pie, a Tespis, un tipo un poco alocado, se le ocurrió algo muy pero muy disparatado. Se desmarcó del grupo, se colocó frente al resto de los cantantes e inventó un diálogo rudimentario. Tespis y el coro entablaron una conversación trivial. El coro hablaba y Tespis le respondía. Responder en griego entonces se decía *hypokrínomai*, de modo que se convirtió en un hipócrita, «el que responde». Y así nació el teatro, en ese preciso instante, cuando Tespis avanzó esos pocos pasos con respecto a su grupo, se situó frente a los demás y se dirigió a ellos. Y así nació todo el universo teatral, que vive y revive en cada actor, en cada teatro, en cada estreno, en todo el mundo y en ese momento en el que todo actor recorre los pocos pasos que le faltan para salir a escena. Tespis no fue consciente de lo que acababa de inventar en aquel momento. No podía imaginarse que siglos más tarde, desde la *Commedia dell'Arte* de la Florencia renacentista de los Médici, hasta el Globe Theatre de Shakespeare a orillas del Támesis, y desde La Scala de Milán hasta el Carnegie Hall de Nueva York, existirían gracias a él, Tespis, quien encendió la chispa que sirvió de pretexto para establecer nuevas conexiones en las mentes de millones de personas que amaron el teatro y que fueron capaces de alcanzar lo sublime gracias a su arte. Quizá fuera la chispa del palacio de Tebas en el momento en que nació Dioniso.

—Entiendo lo que quieres decir, el teatro es muy importante, pero, personalmente, creo que hay un regalo todavía mayor que la antigua Grecia legó al mundo, y es la democracia. ¿Cuándo surgió la democracia?

—¡Ya estamos cerca! Primero los reyes tuvieron que hacer las maletas e irse, porque con todo lo que había pasado en Grecia, el cambio político y social era inevitable. En la mayoría de los estados griegos, los reyes habían perdido poder y ostentaba el mando la gente de estirpe noble, los *eugeneis*: la aristocracia. Por supuesto, algunos aristócratas de ciudades griegas se lo tomaban muy en serio y no hacían más que oprimir a las clases más bajas. Así pues, en muchas ciudades, por diversos motivos y causas, se produjo un fenómeno en el que alguien perspicaz (normalmente un aristócrata, aunque no necesariamente, porque en la descripción del puesto solo se requería astucia a mansalva, el resto era opcional) se hacía pasar por el protector de los oprimidos, daba un golpe de Estado y se hacía con el poder como tirano.

—Es decir, ¡un dictador!

—En ese entonces la palabra no tenía una mala connotación, sino que simplemente denotaba a alguien que tomaba el poder y gobernaba solo. Desde Asia Menor y las islas del Egeo hasta la Grecia continental y las colonias de Sicilia, no fueron pocos los astutos que, tras las primeras tiranías exitosas, sintieron envidia del glamur y la opulencia y lograron convertirse en tiranos de sus ciudades. Muchos de ellos gobernaron de forma radical y, naturalmente, no fueron pocos los que se labraron popularidad satisfaciendo a las masas para ganarse su apoyo.

—¿Qué lugares ocuparon estos tiranos?

—Muchos. Por ejemplo, Samos tuvo un tirano, Polícrates, que tomó el poder junto a sus dos hermanos con los que se dividió la isla en tres partes, pero luego mató a uno de ellos y mandó al otro al exilio. También Naxos tuvo un tirano, Lígdamis. El de Corinto se llamaba Periandro (este mató a su mujer a patadas), y era muy amigo del tirano de Mileto, Trasíbulo, a quien Periandro llegó a enviar un mensajero para preguntarle cuál era la mejor manera de conservar el poder. Y cuenta la leyenda que Trasíbulo no habló, sino que llevó al heraldo al campo y comenzó a cortar delante de él cualquier espiga que sobresaliera del resto. El mensaje estaba claro. A partir de entonces, Periandro se encargó de matar a cualquier corintio que considerara que destacaba por encima de los demás. Sición, una pequeña pero rica ciudad del norte de Peloponeso, tuvo también tiranos. Uno de ellos fue Clístenes, de quien se dice que era bisnieto de un carnicero o cocinero (tal vez se trate de una leyenda y lo dijeran para «despreciarlo», o incluso para «honrarlo», como hombre hecho a sí mismo y no solo como heredero de títulos). Clístenes tenía una hija, Agarista, y se dice que, al igual que sucede en los cuentos de hadas, este había invitado a los mejores pretendientes de toda Grecia para que compitieran por la mano de su hija a la que tanto quería.

—¿Por qué me das tantos detalles sobre los asuntos familiares de Clístenes?

—Te lo cuento porque es importante. Llegaron jóvenes no solo de las ciudades vecinas, sino también de lejos, de Tesalia y del sur de Italia. De todos ellos quedaron dos finalistas, los atenienses Hipoclides y Megacles. Clístenes eligió a Hipoclides, pero en el banquete nupcial, en el que sacrificaron cien bueyes e invitaron a toda la ciudad y a todos los dignatarios, en medio de la embriaguez y la alegría, Hipoclides se subió a una mesa y se puso a bailar. Después, con la cabeza apoyada encima de la mesa, elevó sus piernas y empezó a ejecutar unas pantomimas.

—¿*Break dance* de la Antigüedad?

—Sí, pero Clístenes, que era un hombre más correcto, se escandalizó. ¿Qué clase de payasada era esa? Mientras tanto, como el novio bailaba boca abajo, poniéndose en evidencia y mostrando sus testículos ante el resto de comensales, Clístenes se sintió molesto y le dijo: «¡Echaste a perder tu boda!». Para decírselo empleó un juego de palabras, pues la palabra antigua para danza es *órchesis*, ¡pero a su vez se refiere a los testículos, que se llaman *órcheis*! Así que básicamente le dijo: «¡Con tus bailes y tus testículos acabas de estropear la boda!». Entonces Hipoclides, borracho, le respondió: «¡Me tiene sin cuidado!». Enfurecido, Clístenes anuló la boda y, afortunadamente para la historia del mundo, entregó a su hija al segundo candidato, Megacles. La nueva pareja llamó a su primer hijo Clístenes, en honor a su abuelo, y será Clístenes júnior quien, cuando crezca, instaurará la democracia en Atenas.

—¿Y en Atenas no hubo ningún tirano?

—Claro que sí, Pisístrato. Pisístrato fue un brillante, astuto y teatrero tirano, que intentó tres veces hacerse con la tiranía. La primera vez se hirió a sí mismo y apuñaló a sus propios animales, después fue al centro de la ciudad y gritó: «Quieren matarme, ¡ayuda!». Solicitó que le pusieran guardia personal para que lo protegieran de sus enemigos políticos, que lo odiaban. Y se la pusieron.

—¿Y nadie sospechó nada?

—Únicamente Solón, el famoso sabio, uno de los Siete Sabios de la Antigüedad, se dio cuenta y se opuso, pero nadie le hizo caso. Así que Pisístrato convirtió la guardia que tenía en su propio ejército personal y se convirtió en tirano, pero el intento no le duró mucho y fue expulsado. La segunda ocasión se encontró a una despampanante mujer altísima, la vistió como si fuera la diosa Atenea, la subió a un carro y desfiló con ella desde el *demos* de Peania hasta

Atenas, para que los atenienses pudieran ver con sus propios ojos cómo la misma diosa en persona traía a su gobernante.

—¿Y los atenienses picaron el anzuelo y se creyeron el montaje?

—¡Sí, pero afortunadamente no todos! Esta vez el que lo expulsó fue Megacles, de la gran y rica familia de los Alcmeónidas, yerno de Clístenes, sobre el que hemos hablado antes... Pero Pisístrato volvió por tercera vez, después de haber recaudado dinero procedente de unas minas que tenía en Macedonia, junto a otros tiranos, y finalmente se alzó con el poder, que mantuvo durante muchos años. Sus adversarios, especialmente los alcmeónidas, se autoexiliaron, y solo quedó Solón, que volvería a protestar, pero era ya anciano y murió poco después.

—¿No castigaron a Solón por haberse posicionado en contra del tirano?

—No, porque ya tenía una edad avanzada y era un anciano muy respetable. Gozaba de mucho prestigio. Además, se rumoraba que había sido amante de Pisístrato.

—¿De verdad?

—Lo mencionan varios escritores antiguos; el único que lo cuestiona es Aristóteles, por la gran diferencia de edad.

—Y después de tantos esfuerzos, ¿cómo logró Pisístrato mantenerse en el poder?

—Pisístrato fue un gobernante astuto y exitoso. Realizó importantes obras públicas e hizo algo que siempre ha gustado: daba mucho que hablar. Engrandeció las fiestas de las Panateneas y los festivales de las Dionisias, lo cual permanecería en la conciencia de la ciudad durante el resto de su historia. Cuando murió Pisístrato, le sucedieron sus hijos Hipias e Hiparco. Al principio todo estaba en calma, hasta el momento en el que Hiparco puso sus ojos en el joven Harmodio. Se le insinuó y Harmodio lo rechazó, porque estaba enredado con Aristogitón. En venganza, Hiparco difamó públicamente a la hermana pequeña de Harmodio, diciendo que no podía participar en las celebraciones públicas de la diosa Atenea porque supuestamente no era virgen.

—¿Tan fuerte era ese insulto?

—¡Por supuesto! El insulto entonces era tremendo, porque solo las vírgenes podían participar en la procesión de la diosa Atenea. Harmodio y su amante Aristogitón apuñalaron el día de la fiesta al tirano Hiparco. Más tarde, los atenienses los honrarían como a los tiranicidas y precursores en el camino hacia la democracia. Después de esto, Hipias, solo y desconsolado, enloqueció y se convirtió en un tirano muy poderoso. Hasta que los atenienses, con la ayuda de Esparta, se rebelaron y lo expulsaron. Fue en ese momento de agitación social general cuando Clístenes, de quien ya hemos hablado, apareció en escena y propuso algo completamente radical: la democracia. Corría el año 508 a. C. Por aquel entonces, el mundo griego ya había creado las ciudades-Estado, la escritura se había extendido, se habían puesto los cimientos de un arte sublime en la que la arquitectura, la filosofía, el teatro y la ciencia eran protagonistas. La época arcaica llegaba a su fin. La democracia acababa de nacer y estaba destinada a luchar para sobrevivir, pero tuvo que ponerse demasiado pronto a prueba. Era la época en la que un vasto y poderoso imperio, el Imperio persa, miraba hacia ese rincón de la Tierra mientras se afilaba las garras.

—Un momento, tengo una duda.

—¿Qué clase de duda?

—Todo este tiempo que has estado hablando, no has hecho otra cosa más que decir palabras raras. ¡Ya me confundiste con tu jerga científica! Pero ¿qué les pasa a los científicos con la terminología?

DATO CURIOSO
PAROLE, PAROLE. ¿POR QUÉ TODA ESTA TERMINOLOGÍA?

—Entiendo que la terminología científica te resulte confusa, que te asuste y que te canse. Y con razón, porque suele resultar pesada e incomprensible. Pero la terminología tiene un propósito y una razón de ser. Desde el mismo instante en que existe una ciencia a la que se dedican miles de personas en todo el mundo, tiene que haber un consenso sobre cómo se deben denominar las cosas, para que, así, podamos entendernos.

—O sea, ¿no puedes decir simplemente: esto es un vaso? ¿Es necesario que haya quinientos nombres diferentes?

—Pero ¿qué tipo de vaso es? ¡En el fondo todos son vasos! ¿Cómo podremos distinguirlos? En cualquier caso, la terminología es necesaria, aunque en realidad es suficiente con que se quede en el terreno de las discusiones y de los tratados científicos, de los análisis y de las discrepancias entre los expertos de cada disciplina. Lo lógico es que con el paso de los años vaya cambiando, se añadan nuevos conceptos y se supriman los más antiguos.

—El problema es cuando toda esta terminología aflora y la gente de a pie tiene que oír todas estas palabras técnicas que ni siquiera entiende.

—Tienes razón. El resto del mundo no tiene por qué conocer la terminología científica con sus particularidades y rarezas. Evidentemente, es imposible que tratemos aquí todo el asunto de la terminología, como tampoco podemos explicar cada término utilizado por la ciencia. No te he bombardeado con una terminología muy difícil, porque si llego a profundizar en los detalles... Hay algunos casos extraños, paradójicos o extravagantes en los que la terminología tiene «sentido» para un arqueólogo, pero no para el resto de la gente.

—Siento curiosidad, háblame de algunos.

—Los alabastrones de época micénica son unas vasijas anchas y redondas de base plana, como una especie de hogaza de pan un

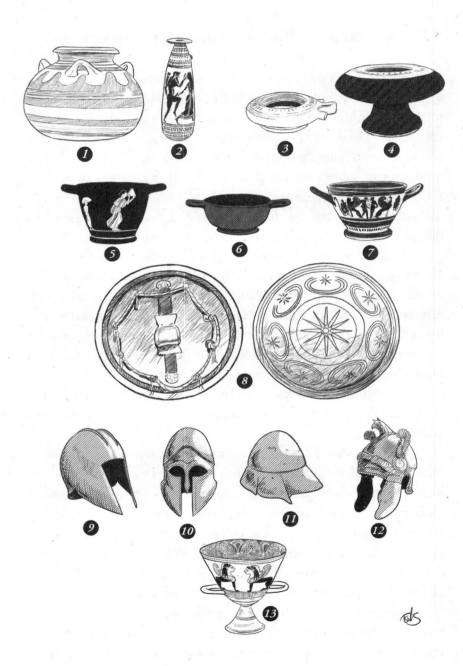

poco aplastada, donde probablemente se ponían cremas y cosméticos (fig. 1). Sin embargo, los alabastrones de la Antigüedad clásica son otro tipo de recipientes distintos, pequeños y estilizados, que recuerdan a los frascos de un laboratorio de química, y en ellos también se ponían perfumes y aceites aromáticos (fig. 2). Los *exaliptros* son unos extraños vasos de la Antigüedad clásica, planos y circulares, como el alabastrón micénico que acabamos de mencionar, pero con el borde vuelto hacia el interior y hacia abajo, de modo que el contenido no se pudiera derramar (fig. 3). Antes solíamos llamarlo *cotón*, pero ya no suele denominarse así. En el caso de que un *exaliptro* tenga pie, lo llamamos *plemócoe* (fig. 4). Hay algunas vasijas con forma de vasos anchos con asas horizontales en el borde, que se utilizaban para beber. A este tipo de vaso lo denominamos *skyphos* (fig. 5). Había muchos tipos diferentes de *skyphoi*. Uno de ellos se denominaba *skyphos* de tipo bolsal (fig. 6). Porque hace muchos años los dos primeros se estudiaron uno en Bolonia, en Italia, y otro en Salónica, en Grecia. Luego *Bol-ogna & Sal-onica...* igual a... ¡Bolsal! Otro tipo de *skyphos* se llama CHC (fig. 7), porque solía representar escenas con carros (*chariots* en inglés) o escenas de cortejo, de coqueteo, ¡de ligue! (*courting* en inglés). Por lo tanto, son *skyphoi* que muestran *Ch(ariots) & C(ourting)*: CHC. El *skyphos* y la *cótila* son dos tipos de vasos que tienen la misma forma.

—¡Lo ves! ¿Te das cuenta del problema que es todo esto de la terminología?

—Espera, no corras tanto, que ahora viene lo peor. Vamos con el armamento y la terminología específica para cada detalle. Imagínate ahora que estás viendo un escudo, está compuesto por tantas piezas que es imposible llamarlo simplemente escudo (fig. 8). Por ejemplo, la pieza metálica del interior por la que pasa el antebrazo la persona que lo sujeta no se llama asa, sino embrazadura o *porpax*. Tampoco al borde metálico del escudo lo llamamos simplemente así, sino que recibe el nombre de *ántyx*. La cosa resulta aún más complicada cuando hablamos de cascos. Por ejemplo, el casco que se conoce como casco ilirio no era ilirio (fig. 9).

—¿Qué es eso de ilirio?

—Los ilirios eran un pueblo que vivía entre lo que hoy es el noroeste de Grecia y el sureste de Albania. Sin embargo, el llamado casco ilirio era griego, de hecho, originalmente procedía del sur de Grecia, desde donde se extendió al resto del país. Lo que ocurrió es que los primeros cascos descubiertos de este tipo se hallaron en una zona perteneciente a la antigua Iliria, así que se quedaron con ese nombre. Pero también hay casos como el del casco corintio (fig. 10), al que se le llamaba así desde la Antigüedad. Heródoto de Halicarnaso nos habla de él; de hecho, lo menciona cuando describe algunas antiguas tribus de Libia, los maclies y los auseos, que tenían la costumbre de vestir a una muchacha con un casco corintio y una panoplia griega, después la subían a un carro y la llevaban en procesión alrededor de un lago antes de que comenzara una batalla ritual entre dos grupos de mujeres jóvenes que luchaban entre sí, y llamaban falsa virgen a la que resultaba muerta.

—¿Qué tiene que ver esto con lo que estábamos hablando?

—Nada, pero me parece una historia tan surrealista, que quería compartirla contigo.

—¡Para confundirme todavía más! Continúa hablándome de los cascos.

—El casco corintio es el más famoso hoy en día, su forma es la del casco griego antiguo por excelencia, por eso se ve en todas las películas y en todas las tiendas de recuerdos, incluso lo lleva Magneto, el personaje de los X-Men de Marvel Comics. Otro tipo es el casco calcídico, que se considera una variante de este último. Los investigadores lo bautizaron así porque lo vieron pintado en vasos que se pensaba que procedían de la ciudad de Calcis en la isla de Eubea. Nada de esto se ha podido demostrar. Lo mismo ocurrió con el casco beocio (fig. 11). Nos lo menciona Jenofonte, que sugirió que era el más adecuado para los jinetes. En cambio, el que hoy en día llamamos casco «ático» (fig. 12) nunca gozó de mucha popularidad. Sin embargo, los romanos lo copiaron e hicieron una variante, y cuando te imaginas un romano con casco, seguro que lo visualizas con este.

—Sé que no paro de repetírtelo, pero me estás dejando sin neuronas.

—¡Y ahora que me acuerdo! Se me olvidó contarte que hay un tipo de vasos arcaicos a los que llamamos melios porque se encontraron por primera vez en la isla Milos, aunque ahora sabemos que realmente se fabricaban en la isla de Paros. Y había una categoría muy especial de vasos, realizados con una arcilla extremadamente pura y fina, delicados como el cristal, procedentes de la isla de Quíos, a los que llamamos naucráticos, porque se encontraron por primera vez en Náucratis, en Egipto, que era un enclave comercial panhelénico que gozaba del permiso de los faraones. Ahora que ya se sabe que se fabricaban en Quíos, a esta cerámica la llamamos quiota (fig. 13).

—¡Ajá!, así que aquí decidieron tirar la terminología antigua por la borda y poner nombres normales, ¡lo que primero les pasa por la cabeza!

—Espera, ¡que no he terminado! En la Antigüedad tardía existían unos pequeños vasos a los que ahora llamamos ungüentarios. Eran recipientes destinados a contener ungüentos, mirra y aceites aromáticos. Los encontramos en casi todas las tumbas a partir del periodo helenístico. Este tipo de vasos también recibe el nombre de lacrimatorio.

—¿Cómo? ¿Acaso los familiares de los muertos metían allí sus lágrimas?

—¡Qué va! Eran unos vasos muy pequeños que a veces estaban hechos de terracota y otras veces eran de alabastro o de cristal. Además, se hicieron muy famosos durante la época romana.

—¡Por dios y por todos los santos! ¡Qué nombres!

—Hay más... Llamamos *arytér* al cazo de metal que tenían a

partir de la época clásica para sacar el vino de la crátera y echarlo en vasos —que no se llamaban vasos, sino *kylix*, o *skyphos*, o *cótila*—, mientras que *etmós* era el colador, ya que solían aderezar el vino con diversas hierbas y especias para darle sabor, por lo que tenían que colarlo antes de beberlo. El pendiente se llamaba *enótion*, el colgante *períapton*, el respaldo de la silla era el *ereisínoton*, los brazos de la silla los *ereisícheira*, la tela que colgaba de una prenda se llamaba *apóptygma*, las mangas de la ropa eran las *cheirídes*, y la ropa con mangas se llamaba *cheirodotá*, mientras que si era sin mangas se llamaba *acheirídota*. ¡Y ya no describo nada más!

—¡Sí, ya es suficiente! Estos nombres alejan a los visitantes de los museos de las exposiciones, porque no se entiende ni una de las descripciones que hay en los pies de foto.

—¡Deja de quejarte! Sigamos adelante, que ahora viene lo mejor.

—¿A qué te refieres?

—¿Te suena la frase «Esto es Esparta»?

8
NO NOS MOVERÁN

LAS GUERRAS MÉDICAS

—Había una vez un imperio que había nacido en una región del mundo que ya había conocido muchos otros imperios durante siglos, se llamaba Mesopotamia. Fue precisamente allí donde los medos y los persas, tribus emparentadas, levantaron juntos este nuevo imperio y comenzaron a expandirse como ningún otro lo había hecho hasta el momento.

—¡Oh! Ya te me estás yendo por las ramas otra vez... ¿Hasta dónde te vas a remontar? ¿Acaso no pasamos directamente a la acción?

—¡Ya te estás quejando otra vez! Espera, que la acción no tardará en llegar. Si no sabes contra quienes lucharon los griegos en las guerras médicas, ¿cómo vas a entender por qué fue tan importante su victoria?

—¡Ni que fuera un drama! El Imperio persa era una sociedad bárbara e incivilizada que solo buscaba conquistar.

—Naturalmente que era cruel y, sin duda, su objetivo principal era conquistar otros pueblos, como todos los imperios de antes y de después de él, pero al mismo tiempo, y para poder crear semejante mamotreto estatal, contaba con una infraestructura y unos conocimientos técnicos que lo respaldaban. Incluso consiguió tener bajo su dominio a cientos de pueblos diferentes, eso sí, permitiéndoles gozar de libertad religiosa. Además, también se ocupó de fomentar las artes. Persia se convirtió rápidamente en una superpotencia y subyugó al mismísimo Egipto, a todo Oriente Próximo e incluso a Asia Menor. Los griegos de Asia Menor vivían principalmente en las zonas costeras, de modo que también fueron engullidos por el arrollador Imperio persa. Como consecuencia de ello, en un momento determinado, las ciudades griegas comenzaron a rebelarse, y decidieron enviar un mensaje a sus hermanos de la Grecia continental para que acudieran en su ayuda.

—Espera un momento, ¿las guerras médicas no tuvieron lugar en Grecia?

—No seas tan impaciente, que aún no hemos llegado a las guerras médicas. Me estoy refiriendo a la Revuelta jónica. Bien, como estábamos diciendo, la mayoría de los griegos de la Grecia continental, sintieron miedo o no quisieron ayudarlos. Sin embargo, Eretria y Atenas corrieron a ayudar a los griegos que estaban siendo asediados por los persas. Como te puedes imaginar, la Revuelta jónica del 492 a. C. fracasó, de modo que las ciudades de Asia Menor quedaron sometidas indefinidamente al Imperio persa. Los persas, sin embargo, que no tenían un pelo de tontos, se dieron cuenta de que los atenienses y los eretrios habían enviado ayuda, así que pensaron que, si querían mantener su reputación, tendrían que darles un escarmiento. Y, de esta manera, comenzó la primera guerra médica. En el 490 a. C., dos años después de la revuelta, Persia envió un ejército a Eretria, la conquistó y la incendió. Se produjo una gran matanza y lo arrasaron todo. Desde allí puso rumbo hacia el Ática. La flota persa arribó a Maratón y, entonces, comenzó a desembarcar el ejército más grande que nunca antes había visto Grecia.

—¿Y no se unieron los griegos contra los persas?

—Todavía no. Los atenienses enviaron un mensaje pidiendo ayuda. Un correo profesional de larga distancia, llamado Fidípides, marchó corriendo a Esparta y regresó a toda prisa, recorriendo más de doscientos kilómetros en pocos días en busca de ayuda, pero todo fue en vano. Los espartanos, que eran muy supersticiosos, querían esperar a que pasara la luna llena antes de sacar a su ejército de Esparta, si no, les traería mala suerte.

—¡Vaya! El pobre muchacho se destrozó los pies para nada.

—Cuenta la leyenda que, en algún lugar a medio camino, en la ladera del monte Partenio, Fidípides se detuvo a descansar bajo una encina y en aquel momento se produjo un hecho asombroso: una pequeña deidad decidió ayudar a los atenienses. Según la leyenda, el dios Pan se apareció a Fidípides y le dijo que, si los atenienses le rendían culto, entonces se convertiría en su aliado. Fidípides prometió llevar el mensaje a los atenienses y, a su regreso, les comunicó lo sucedido. Los atenienses, en vez de pensar que el pobre muchacho probablemente había sufrido una alucinación de tanto correr, le creyeron y prometieron adorar a Pan.

—¿Y al final qué pasó con la ayuda de los atenienses? ¿Les mandaron a alguien?

—Ni los espartanos ni los demás griegos llegaron a tiempo, únicamente los plateos, que solo pudieron enviar a mil hombres. Como te puedes imaginar, Atenas se enfrentaba al más que evidente peligro de la destrucción total. Así que todos los ciudadanos combatientes de la pequeña ciudad, que pocos años atrás habían tomado las riendas de su destino gracias a la democracia, estaban llamados a demostrar al mundo que la democracia funcionaba y que un pueblo situado en los confines del planeta podía sacar pecho frente a un imperio descomunal. Los jóvenes atenienses, que se habían reunido en Maratón para enfrentarse a las hordas persas, vieron el humo procedente de la destrucción de Eretria en la costa opuesta, de modo que supieron que había llegado su turno. Los atenienses disponían de entre 9000 y 10000 hoplitas, pero contra ellos había muchos más enemigos.

—¿Cuántos?

—Las estimaciones varían entre el doble y diez veces más. Así que los atenienses decidieron poner en marcha la siguiente maniobra: dejar el centro debilitado y reforzar los laterales de la formación. Durante la contienda, el centro empezó a retroceder ante el grueso del ejército enemigo, pero, por el contrario, los flancos, fortalecidos, comenzaron a ganar terreno. Fue entonces cuando los dos bandos del ejército griego envolvieron con un movimiento de pinza a ambos lados, derecho e izquierdo, el cuerpo principal del ejército persa. Y en el momento crítico, la pinza se cerró. Los flancos atacaron a la fuerza principal del ejército persa desde los laterales. Y los persas, desprevenidos, ¡perdieron el partido! Se cuenta que el dios Pan les prestó su ayuda, porque los atenienses habían decidido rendirle culto. Los persas sintieron un miedo atroz, es decir, fueron presas del «pánico». Murieron 203 griegos y unos 6 500 persas.

—¡Vaya, así que la palabra pánico viene de Pan! Nunca lo había pensado.

—Los persas comenzaron a retirarse de forma caótica. Corrieron a sus naves, mientras los atenienses los perseguían. Cuenta la leyenda que Cinegiro, un ateniense que había ido tras ellos, se agarró a uno de los barcos persas por la proa, ¡para evitar que huyeran! Los persas, presas del pánico, le cortaron la mano, pero él se aferró con la otra. También se la cortaron. Entonces mordió el barco. ¡Y lo decapitaron! Los persas zarparon y pensaron: «Ahora todo el ejército de Atenas está en Maratón, a muchos kilómetros de distancia de su ciudad, que dejaron desguarnecida. ¡Vayamos a tomarla!». Y pusieron rumbo hacia el puerto de Falero, pero los soldados atenienses, que no se chupaban el dedo, lo sospecharon, y, a pesar de que estaban agotados, se apresuraron para llegar a su ciudad cuanto antes.

—¡Dios mío! ¡Agotados, después de una batalla atroz y llevando una armadura tan pesada! ¿Cómo se las arreglaron?

—¡Tuvieron muchas agallas! Los jóvenes hoplitas de una ciudad pequeña, exhaustos tras una cruenta batalla contra un ejército enorme, dejaron atrás a sus heridos y comenzaron a recorrer el duro camino de vuelta desde Maratón a Atenas para salvar su ciudad. Corrieron un maratón en toda regla. ¡Y armados!

—¿Y les dio tiempo a llegar?

—Sí, sí llegaron. Cuando la flota persa llegó al puerto del Falero, vio a los atenienses de pie orgullosos y armados con sus escudos y picas en las colinas alrededor de la ciudad y, entonces, supo que había perdido para siempre. Y se marchó por donde había venido con el rabo entre las patas. Y, así, con la destrucción de Eretria y la salvación de Atenas, finalizó la primera guerra médica. La batalla de Maratón se convirtió en toda una leyenda, que serviría de inspiración a futuras generaciones que inventaron todo tipo de historias en torno a ella. Imaginaban que los dioses habían estado presentes y los habían ayudado, igual que el dios Pan. Decían que el propio Teseo se había aparecido en medio de la batalla... Un poco como las generaciones más recientes de griegos que afirmaban haber visto a los santos o a la Virgen María ayudándolos en el campo de batalla. Sin embargo, Persia no podía aceptar semejante desagravio. Así que durante diez años estuvo preparando y reuniendo un ejército, hasta que en el año 480 a. C. comenzó la secuela: la segunda guerra médica.

—¿Otra vez con barcos de por medio?

—¡Nooo! Esta vez Persia se dirigió por tierra y con un ejército mucho mayor. Por supuesto, trajo una flota enorme, pero también un ejército terrestre enorme. Conquistó Tracia, sometió Macedonia y supuso que todos a su paso caerían como moscas y que lograría someter la península griega en su totalidad. El rey de Macedonia, Alejandro I, a pesar de que en apariencia fuera aliado de los persas, informaba en secreto a los griegos del sur. Varias ciudades griegas sintieron miedo y se apresuraron a manifestar su sumisión ante los persas. Incluso los sacerdotes de Delfos se pronunciaron al respecto: «Apostemos por el ganador más probable, no es momento de arriesgarse».

—¿Así que el mayor santuario del mundo antiguo vaticinó que ganarían los invasores?

—Sí, pero la mayoría de las ciudades griegas ignoraron las palabras de los sacerdotes y se unieron para hacer frente a la amenaza. Los espartanos estaban al mando, porque eran la mayor potencia. La primera línea de defensa se estableció en las Termópilas. Esta línea defensiva era inquebrantable, pero, entonces, se produjo una traición y los griegos se vieron obligados a ceder en las Termópilas. Atenas, que había logrado salvarse diez años antes, fue evacuada y la ciudad cayó en manos de los persas, que la incendiaron por completo. Los atenienses se llevaron consigo lo que les cabía en las manos y se refugiaron en las islas circundantes. En ese momento únicamente el Peloponeso permanecía prácticamente sin ocupar, así que el consejo de guerra panhelénico pidió que se defendiera el Istmo.

—Me estoy poniendo nervioso, pero no sé por qué. Sé que acaba bien.

—El general ateniense Temístocles se anticipó a los acontecimientos y, sabiendo que el punto fuerte de los griegos era el mar, desafió a la flota persa para que se enfrentara a la griega en los estrechos de Salamina. La flota ateniense se enardeció sobre sus trirremes. Los marineros que la tripulaban no eran superhéroes, sino los jóvenes que habían visto a sus familiares huir de la persecución y su ciudad arrasada. No les quedaba nada. O luchaban y ganaban, o lo perdían todo. ¡Y vencieron! Los griegos, con la flota ateniense a la cabeza, ganaron la batalla de Salamina, porque las pequeñas embarcaciones griegas podían maniobrar con mayor facilidad entre la multitud que los grandes barcos persas. El rey persa Jerjes, que había rodeado el monte Egaleo para contemplar la batalla naval, se hundió en su propia arrogancia.

—Sí, pero no fue más que una victoria en el mar. ¿Fue suficiente?

—Esa victoria en el mar les hizo ganar tiempo; además, sin barcos no podían llegar provisiones al enorme ejército persa. Al ejército terrestre de los griegos le dio tiempo de reagruparse, de modo que, poco después, en la batalla de Platea, vencieron también al ejército terrestre persa. Los persas, derrotados, emprendieron el camino de vuelta, pero los barcos griegos los persiguieron hasta Mícala, en la costa de Asia Menor, donde volvieron a vencerlos.

—¡Un último guantazo bien dado en toda la cara!

—Después de todos estos sucesos, Grecia, tras tomarse un tiempo para lamerse las heridas y limpiar los escombros que habían dejado atrás las guerras médicas, desarrolló un nuevo sentido de la autoconciencia y de la excelencia. Había llegado el momento de brillar con luz propia; se estaba adentrando en su época clásica. Pero ¿qué ocurrió en la época clásica para que llegara a convertirse en una de las épocas más importantes de la historia universal?

—Antes de que me lo cuentes... me surgió una duda. Dijiste que Atenas fue quemada y arrasada. Y me vino a la cabeza algo que siempre me he preguntado y que nunca he entendido. ¿Cómo acabaron sepultadas a tanta profundidad todas estas ciudades antiguas?

DATO CURIOSO
¿CÓMO ACABARON SEPULTADAS A TANTA PROFUNDIDAD LAS CIUDADES Y LAS ANTIGÜEDADES?

—Esta probablemente sea una de las preguntas más frecuentes que se suele hacer la gente. La respuesta es muy sencilla: porque la gente vive en los mismos sitios desde hace muchos siglos.

—Sigo sin entenderlo.

—Deja que te lo explique mejor. En primer lugar, la corteza terrestre no es estática. El suelo se mueve. La corteza es una capa en relieve formada por diversos materiales, que para simplificar podemos llamarlos rocas y tierra. A un lado hay montañas y al otro, llanuras. También hay agua, mucha agua, ya sea en mares y océanos o —y esto nos interesa más a nosotros— en ríos y lagos. Esta agua pasa por un proceso conocido como el ciclo del agua. Se producen lluvias, desprendimientos de tierra, y también hay sedimentos que arrastran los ríos, que cambian su curso, se depositan en deltas, que a su vez erosionan la tierra. Además, están los terremotos, los volcanes, los maremotos... ¡Un tema de mucho cuidado! De modo que el paisaje y el terreno cambian constantemente. Las capas de tierra que se acumulan a lo largo de los siglos se llaman depósitos.

—¿Los depósitos son iguales en todas partes?

—No. Varían entre unos pocos centímetros y varios metros de grosor. A todo esto hay que añadir el imprevisible y extraordinariamente influyente factor humano. Normalmente, el hombre se instala en lugares que le faciliten la vida, como en llanuras o colinas bajas, y donde hay agua cerca. Por lo general, no se va a sitios de difícil acceso, allá en las alturas abandonados de la mano de Dios, sino a sitios transitables. Y en la zona donde vive trabaja la tierra, la ara, cava en ella, saca tierra, mete tierra, normalmente la remueve y sobre todo construye. Durante milenios el hombre ha construido utilizando materiales orgánicos como la madera, el ladrillo y la piedra, y sobre otros materiales orgánicos. Siempre ha adaptado la tierra que le rodeaba a sus necesidades, pero los hombres somos mortales, descuidados y belicosos. Basta con que se nos caiga una lámpara de aceite o descuidemos una olla, para que se produzca un incendio. Podrá haber un terremoto o incluso atacarnos una tribu enemiga, y muchas razones más por las que podrá destruirse una casa, un barrio e incluso una ciudad entera. Y si no se destruye, envejecerá y acabará por desmoronarse. Más tarde, nivelarán el terreno y volverán a construir encima.

—¿Pero no hay que cavar muy profundo para poner los cimientos?

—En primer lugar, los cimientos en la Antigüedad no eran tan profundos como lo son hoy en día, ya que nuestros edificios son enormes comparados con los de entonces. Y en segundo lugar, si alguna vez has estado en un yacimiento arqueológico, te habrás fijado en que las paredes destruidas se entrelazan con otras, de modo que es imposible seguir la distribución del edificio original, ¿lo has visto?

—Sí.

—Bueno, pues eso se debe a que estás viendo diferentes fases de construcción juntas. Mientras tanto, las lluvias y los movimientos de tierra —ya sean causados por la naturaleza o por la acción del hombre, lenta, perjudicial y sobre todo inconsciente— habrán comenzado a levantar el suelo. Así que toda esta actividad de la que hemos hablado genera los llamados depósitos o sedimentos de tierra. En Grecia, por ejemplo, donde la mayoría de las ciudades están habitadas desde hace miles de años, es habitual que los depósitos acumulados sean muy numerosos. Sin embargo, también en ciudades antiguas que no fueron habitadas desde la Antigüedad encontramos depósitos.

—¿Y estos depósitos están siempre a gran profundidad?

—Eso varía bastante. Por ejemplo, una cosa es el grosor del depósito en la antigua Olinto, que fue destruida durante el periodo clásico, pero estaba situada en lo alto de una colina, de modo que es más difícil que se produjera una acumulación de grandes cantidades de tierra tras su abandono. Y otra muy distinta es el grosor del depósito en la antigua Mesene, construida en la ladera de una montaña, por lo que durante unos cuantos miles de años habían estado cayendo agua y tierra, así que la profundidad a la que se encontraron las antigüedades que nos han llegado fue mayor. Por eso, las ciudades antiguas a veces están ocultas bajo toneladas de tierra, a veces bajo un poco de tierra, y otras veces algunas antigüedades nunca llegan a estar sepultadas, como es el caso de la Acrópolis.

—¿Por qué no quedaron sepultados yacimientos arqueológicos como la Acrópolis?

—Porque no pararon de utilizarse. La Acrópolis de Atenas nunca fue abandonada, y después del siglo v a. C. nunca fue arrasada por completo, así que nunca tuvo que volver a construirse partiendo de la nada.

—¿La Acrópolis fue arrasada en el siglo v a. C.?

—Como acabamos de decir hace un momento, fue quemada y destruida por los persas que llegaron a Atenas en el 480 a. C. Pero la volvieron a reconstruir dejándola joven y bella cincuenta años después. Y hasta hoy continúa siendo el máximo exponente de la Grecia clásica, y mucho más.

—Entonces, ¿por fin llegamos a la época clásica?

—Sí, ya llegamos.

—¡Por fin!

9
EN TU FIESTA ME COLÉ

LA ÉPOCA CLÁSICA

—¡Eso es! Ya llegamos al clímax.

—¿Al gran momento de la antigua civilización griega?

—¡No lo llames momento! Duró aproximadamente un siglo y medio, y, además, se considera que es la cumbre de la civilización griega antigua.

—Pero ¿por qué?

—Los primeros especialistas, y muchos otros después, consideraron este periodo y sus logros el momento álgido de la civilización antigua y, desde luego, razón no les falta.

—Entonces, ¿antes o después de esta época clásica no hubo ninguna actividad cultural destacable?

—Todo lo contrario. Como hemos visto, muchas de las cosas que admiramos de la Antigüedad ya habían sucedido en años anteriores, incluso después de la época clásica vendrían muchas más. Lo que sucede es que durante el periodo clásico se concentró toda la producción cultural que nos ha hecho percibir el mundo griego antiguo como un caso excepcional en la historia universal.

—Lo que dices me suena poco preciso y demasiado rimbombante. Tienes que ser un poco más concreto.

—Sí, lo sé. Se denomina Grecia clásica al periodo comprendido entre dos acontecimientos decisivos de la historia: las guerras médicas y Alejandro Magno. En el año 480 a. C. terminan las guerras médicas y todo lo que viene después lo clasificamos como Grecia clásica hasta la muerte de Alejandro Magno en el 323 a. C., un hecho que, sin lugar a dudas, provocó un cambio en el mundo, por lo que se considera que marca el final de la época clásica.

—Bueno, ¿y qué sucedió en la época clásica?

—En un principio, los griegos, tras haber conseguido vencer al mayor imperio conocido hasta entonces, salieron de aquella crisis con una imagen propia y una confianza en sí mismos reforzadas. El orgullo y la victoria propiciaron un impulso a todos los niveles.

—¿Esparta continuaba siendo la «más importante» de las ciudades-Estado griegas?

—Sí, pero Atenas también se había convertido en una potencia en ascenso que había salido reforzada tras la victoria final en las guerras médicas. Y además estableció una alianza con muchas otras ciudades (principalmente insulares) para hacer frente a Persia.

—Pero ¿no la habían derrotado ya?

—Sí, ya la habían vencido, pero el peligro continuaba existiendo. Consideraron que los beneficiaría estar preparados por si acaso. Establecieron la sede de su coalición en Delos, la isla sagrada de Apolo, por lo que recibió el nombre de la Liga de Delos. Pero como Atenas era la que manejaba el negocio y decidía lo que se tenía que hacer, en un momento determinado trasladó el tesoro de la Liga de Delos a la mismísima Atenas. Por eso también a veces recibe el nombre de la Liga ateniense. A decir verdad, parece que Atenas no fue una buena «aliada» de sus aliados, sino que los exprimía como a limones.

—¿Qué quieres decir?

—Pues quiero decir que para muchas ciudades e islas los tributos para poder pertenecer a esta alianza, es decir, los impuestos que tenían que pagar a la Liga, eran insostenibles, y si una ciudad quería abandonarla, bueno... pues simplemente no podía, porque iría el ejército ateniense y empleando como argumento la fuerza de sus

EN TU FIESTA ME COLÉ

armas, los obligaría a quedarse sin chistar. En resumen, que tenían intimidado a todo el Egeo.

—¿Entonces la imagen que tenemos de la Atenas clásica es errónea?

—No, errónea no es, pero quizá sea partidista. Las cosas no son solo o buenas o malas, y es cierto que la Atenas de la época clásica fue una ciudad espléndida.

—¿Cuándo fue el siglo de Pericles?

—Pues justo en este preciso momento. Pericles de Colargos fue un político carismático, que pasó a la historia por estar al frente de la ciudad de Atenas en su periodo de máximo apogeo y esplendor. Su madre, Agarista, procedía de la familia de los alcmeónidas. ¿Te acuerdas de ellos?

—¿La familia aristocrática rica que había expulsado a los tiranos de Atenas?

—¡Exacto! Cuenta la leyenda que cuando Agarista estaba embarazada, soñó que daba a luz a un león. ¿Te das cuenta del «mensaje» que intenta transmitirnos esta historia?

—¿Realmente soñó eso?

—¡No seas tan inocente! Muchas veces los dirigentes permitían que se filtraran rumores de este tipo para ensalzar su nombre. Por supuesto, después la gente se metía con él diciéndole que, en realidad, el sueño de su madre significaba que había nacido con una deformidad, pues se dice que su cráneo era deforme y tenía un tamaño inusual, razón por la cual en todos los bustos aparece siempre representado con un casco. Sea como fuere, Pericles era un lince para la política y, además, tuvo un romance con una hetera, Aspasia, de quien afirman que ejerció una gran influencia sobre él. No era solo una mujer culta, sino también brillante.

—Sí, pero... una hetera. Una prostituta, vamos.

—Las heteras no eran prostitutas como te parece a ti ahora. Eran mujeres cultivadas y libres que no querían acatar el patrón social de la mujer casada. Por una parte, vivían al margen de lo que en la época «se esperaba de ellas»; por otra, paradójicamente, a menudo eran aceptadas y respetadas en los círculos de hombres poderosos y cultos. Al parecer, como no disponían de otro medio de vida, cobraban por su presencia, tanto por su conversación como por su compañía.

—He oído hablar de Aspasia, pero de ninguna más.

—Otra famosa hetera fue Friné, con una vida muy cinematográfica. Nació en un pueblo de cabras de Beocia, pero muy pronto se fue a hacer carrera a la gran ciudad, a Atenas. Dicen que cobraba ingentes cantidades de dinero por acostarse con alguien (incluso el equivalente a cien pagas diarias por noche), y cuanto menos le gustaba el hombre en cuestión, más le cobraba. Pero al filósofo Diógenes, que era un bohemio y medio indigente —vivía por voluntad propia en un barril, con eso te lo digo todo—, le ofreció sus encantos absolutamente gratis, porque estaba fascinada por su inteligencia.

—Debía de ser una mujer muy hermosa, ¿no?

—Supongo que era un encanto de mujer excepcional. Un día, en una celebración junto al mar, se le antojó refrescarse, así que se quitó la ropa y se zambulló desnuda en el agua ante la multitud. La vio el pintor Apeles, que se inspiró en ella para crear su Venus Anadiómena. También se dice que mantuvo una relación con el escultor Praxíteles y que fue su fuente de inspiración para la escultura de la Afrodita de Cnido, la primera estatua femenina desnuda de la Antigüedad. Esta estatua causó una gran sensación, y se convirtió en arte clásico al momento. Llegaron incluso a llevarla ante los tribunales de Atenas acusada de dar mal ejemplo a las jóvenes. Cuenta la leyenda que durante el juicio su abogado le quitó la ropa y la desnudó. Se dice que era tan hermosa que el jurado enmudeció y la absolvió inmediatamente. Según otra versión, Friné estrechó la mano a los jueces, uno a uno, y les pidió que la absolvieran. Y lo hicieron.

—¿Solo porque acababa de tocarlos?

—Un simple roce fue suficiente. ¡Era la mismísima Afrodita!

—Parece que nuestros antiguos antepasados amaban la belleza. —Sonrió con malicia.

—Bueno, es que eran un poco supersticiosos. La belleza la consideraban una gracia divina, mientras que la fealdad era un castigo de los dioses. Te parece injusto, ¿no? ¡Tenían todo tipo de supersticiones! Verás, realizaban un sacrificio totalmente surrealista, las bufonias, que consistía en matar un buey en la Acrópolis. Lo que pasa es que estaba prohibido matar a los bueyes, porque ayudaban en las labores del campo, y eran necesarios para el cultivo de la tierra y la supervivencia. Así que arrojaban unas semillas al altar que había en la Acrópolis, soltaban por allí a los bueyes y, en cuanto uno de ellos se comía las semillas del altar, automáticamente ese buey «acababa de insultar» a los dioses porque había comido en su altar. Por lo tanto, ¡tenía que morir!, pero no podía ser asesinado en público, así que todos se marchaban disimulando, como si no supieran lo que iba a suceder a continuación. Entonces, un sacerdote se quedaba con un hacha, mataba al buey y, acto seguido, tiraba el hacha y se iba corriendo. Cuando los demás regresaban, veían al buey muerto y el asesino no estaba por ninguna parte. Lo único que había en la escena del crimen era el hacha. Por lo tanto, solo el hacha era condenada como la única culpable del asesinato. Y tan a gusto.

—¡Qué puesta en escena tan surrealista! ¡Pero si sabían lo que pasaba!

—¿Ves? No te esperabas esto de la cuna de la democracia, tampoco que nos hubiera proporcionado grandes éxitos como: «Sócrates Superestrella», «Siempre me traiciona Platón y me domina el anfitrión, no sé luchar contra el alcohol» y «Cincel aquí, cincel allá, escúlpeme, escúlpeme». Nuestros antiguos antepasados eran lo suficientemente supersticiosos como para creer que los objetos inanimados podían tener voluntad, hasta el punto de merecer ser castigados. Así que la próxima vez que estés intentando imprimir algo y la impresora se niegue a hacerlo, siéntete un poco griego antiguo cuando le des un puñetazo de rabia.

—¿Esas cosas hacían en la Acrópolis? ¿Y nosotros la tenemos como símbolo de la cumbre de la civilización?

—Es todo un emblema. Sus monumentos son únicos. La Acrópolis es la cumbre de la escultura y de la arquitectura clásicas.

—¿Por qué?

—Verás, con el dinero de los aliados, Atenas decidió que era hora de embellecerse. Pericles inició un programa de construcción con edificios por toda el Ática: Sunion, Eleusis, el templo de Hefesto en la antigua Ágora, etc. Toda el Ática se convirtió en una inmensa obra en construcción. Sin embargo, la parte más importante del programa era la renovación total prevista para la Acrópolis. Y en la Acrópolis se decidió construir el edificio más cercano a la perfección jamás creado: el insuperable Partenón.

—¿Por qué el Partenón es superior al resto de templos antiguos?

—Por muchas razones. En primer lugar, era todo de mármol, ¡incluso las tejas! Y no un mármol cualquiera, sino del Pentélico. De los buenos, de grano fino, de los que resplandecen como la nieve.

—Oye, ¿tan bonito es? Hace unos años vinieron unos parientes de Australia y los llevé a visitarlo, yo lo miraba y no me parecía tan blanco. ¿Se volvió rosa con los años? ¿Por qué no se quedó blanco?

—El mármol pentélico contiene hierro, por eso tiene ese ligero tono rosado que le confiere al templo un aire más dulce todavía. Por ejemplo, el templo de Poseidón en Sunion está hecho de mármol de Agrileza, que no contiene hierro, por lo que continúa tan blanco como el primer día. Desde luego, en ese entorno queda precioso, porque contrasta la blancura del mármol con el azul del mar Egeo.

—Arqueólogo, otra vez te me estás yendo por las ramas. ¡Déjate de Sunion y sigue hablándome del Partenón!

—Sí, sí, continúo. En segundo lugar, el Partenón, en vez de tener seis columnas, que era lo habitual en la parte delantera y trasera (es decir, en las dos fachadas más cortas), tenía ocho columnas para dar mayor volumen al edificio. Asimismo, en lugar de quince columnas en los laterales largos, tenía diecisiete.

—No haces más que darme números. Hasta ahora no me está pareciendo nada del otro mundo.

—De acuerdo, verás cómo lo que viene ahora te va a gustar: los antiguos picapedreros sabían que el mármol del Pentélico se expande y con el tiempo «crece», aumentando su tamaño durante unos años después de haber sido extraído, por lo que dejaban un espacio mínimo entre los puntos en los que las piezas de mármol se iban a unir, de modo que, en unos pocos años, a medida que se expandía y adoptaba su forma definitiva, ¡las piezas de mármol quedaban tan bien ensambladas entre sí que se volvían herméticas! Cuando en las restauraciones modernas tuvieron que retirar piezas de las columnas que no habían sido cambiadas de posición desde la Antigüedad, las juntas de madera del centro que unían las piezas, ¡aún conservaban el olor a madera!

—¡Guauuu!

—Y aún hay más. En tercer lugar, su decoración escultórica era mejor y más abundante que la de cualquier otro templo. De hecho, era el único templo en el que todas sus metopas estaban decoradas con esculturas.

—¿Qué es una metopa?

—Te lo explicaré. Para empezar, las partes del templo que descansan sobre las columnas tienen unos diseños con líneas verticales triples justo encima de cada columna.

—Sí.

—Son los triglifos. De ahí salían los extremos de las vigas de madera que sostenían el tejado de los primeros templos, que eran de madera. Después los templos pasaron a construirse en mármol, pero el diseño se mantuvo como decoración.

—¿Y las metopas?

—Bueno, la metopa es un panel cuadrado que rellena el espacio entre los triglifos. Para que no se perdiera ese espacio, decidieron decorarlo. Ese cuadrado de tamaño considerable podía albergar una escultura, contar una historia. Y no eran pocas las metopas del Partenón... Noventa y dos en total. Magníficas y llenas de simbolismo.

—¿Qué representan?

—Las metopas del lado oriental, que son las de la entrada principal, mostraban la gigantomaquia, es decir, la victoria de los dioses del Olimpo contra las fuerzas primitivas al principio de los tiempos y del mundo. Se puede interpretar como la victoria del orden y del poder divino frente al caos primitivo. Las metopas del lado sur mostraban la centauromaquia, la batalla de los humanos contra los centauros, es decir, la victoria de los humanos en esta ocasión contra seres monstruosos primitivos. Podemos verlo también como una victoria del hombre civilizado contra su naturaleza salvaje. Las metopas del lado norte mostraban la guerra de Troya, la primera y más ilustre expedición de los griegos, el honor de sus antepasados y la historia más recitada, y las metopas del lado oeste mostraban la amazonomaquia, cuando estas habían realizado una campaña desde Asia para conquistar Atenas y fueron derrotadas bajo la Acrópolis, un mito que encajaba perfectamente con la historia real y reciente de los atenienses. Los abuelos de los atenienses que construyeron el Partenón habían vivido una invasión semejante y se habían defendido frente a la amenaza de Persia.

—¿Estas son las esculturas más importantes del Partenón?

—Estas solo son las metopas. En el templo había muchas más esculturas y de mayor importancia. Concretamente, me estoy refiriendo a los frontones.

—¿Qué son los frontones?

—Llamamos frontón al espacio triangular que se forma desde el tejado en la parte delantera y trasera de cada templo. En el Partenón, el frontón este mostraba el nacimiento de Atenea de la cabeza de Zeus, ya que el lado este era la cara principal del templo, mientras que el frontón oeste mostraba la disputa de Atenea y Poseidón por el patronazgo de Atenas. Cuando se colocaron en su posición definitiva en lo alto del templo, estas esculturas estaban esculpidas a la perfección por todos sus lados, incluso por la cara trasera que nunca fue vista por el hombre. La mayoría de estas estatuas están en gran parte dañadas. Y muchas de ellas se encuentran fuera de Grecia, aunque el Estado griego reclama de manera oficial su devolución hace años.

—¿Por qué tanto alboroto por estas esculturas del Partenón?

—Son esculturas que se realizaron en una época en la que el arte de la escultura había abierto nuevos caminos y había salido de los moldes arcaicos. Además, se realizaron en el taller del famoso escultor Fidias. Y no nos olvidemos del enorme y hermoso friso, una faja que recorría a lo largo la pared interior del templo y que mostraba el cortejo de la procesión de las Panateneas. Cada figura es diferente. Todas realizadas con un arte excepcional. Un detalle curioso es que los templos jónicos tenían frisos, pero los dóricos no. Sin embargo, el Partenón, aunque era de estilo dórico, tenía un friso. ¿Por qué? Pues otra originalidad. Y cada figura de las metopas, los frontones y el friso es diferente. Pero no se acaba aquí la cosa.

—¿Aún hay más?

—Por supuesto. Todas las dimensiones del Partenón obedecen a la proporción de 4 a 9. Esta proporción se aplica, por ejemplo, a la anchura con respecto a la longitud, a la altura con respecto a la anchura, etc. Además, el Partenón no tiene líneas rectas. Todas están ligeramente curvadas, para que parezcan rectas a la vista. A todos estos refinamientos se los denomina correcciones ópticas. Todas estas correcciones se llevaron a cabo con una precisión milimétrica.

—Hacer un trabajo tan detallado les llevaría muchos años.

—Y aquí es donde el Partenón vuelve a impresionarnos, amigo mío, porque se construyó en tan solo nueve años. Si se suman los otros seis que tardaron en terminarlo por completo y destinaron a toda la decoración, en total hacen quince años para completar la estructura más perfecta jamás construida. No solo los atenienses participaron en la construcción, sino también los cientos de griegos con diferentes oficios y especialidades que vivían en Atenas como inmigrantes, tanto los hombres libres como los esclavos, todos recibieron el mismo salario. Incluso los animales que ayudaron en el transporte. Tenemos constancia de un burro viejo al que, cuando ya no pudo soportar más la carga, le concedieron el honor simbólico, tras una votación, de ser alimentado por el Pritaneo de la ciudad, un honor que estaba reservado únicamente a los benefactores de la ciudad, los invitados oficiales y los ganadores de competencias deportivas.

—De acuerdo, ya lo entendí. El Partenón era lo mejor de lo mejor. ¿Por eso es tan importante la Atenas clásica?

—¡Ya te gustaría! ¡No solo por eso! La razón principal fue el auge cultural que imperaba en la ciudad.

—¿En qué sentido?

—El teatro comenzó a despegar. Las tragedias que aún hoy se veneran sobre la faz de la tierra se representaron por primera vez bajo la roca de la Acrópolis. Todos los años los atenienses se reunían en una gran fiesta durante la primavera, llamada las Grandes Dionisias o Dionisias en la ciudad (también existían las Dionisias rurales, que se celebraban en los distintos municipios del campo a las afueras de la ciudad). Se llevaban un tentempié en las bolsas y allí se plantaban desde la mañana hasta la tarde en las laderas bajo la Acrópolis y veían durante varios días diversas obras de teatro, votando al final la que más les gustaba. El productor ganador recibía como regalo un tripié.

—¡Vaya cosa! ¿Para qué quieres un tripié?

—Hoy en día, ¿qué hacen los que ganan el Óscar? ¿Lo ponen de peso para sujetar la puerta de la cocina para que no se portee cuando hace viento? ¿Tiene algún valor más allá de lo simbólico? De la misma manera, el productor de la obra podía colocar con orgullo su tripié en la calle de los Trípodes.

—¿En la actual calle de los Trípodes? ¿La que está en el centro de Atenas?

—Sí, esa misma calle, la del barrio de Plaka, la que está bajo la Acrópolis.

—Una vez leí en alguna parte que muchos otros pueblos del mundo y, en épocas anteriores a la Grecia clásica, ya hacían una especie de representaciones religiosas teatralizadas.

—Cierto.

—Entonces, ¿cómo podemos decir que hemos inventado el teatro?

—Sencillamente porque esas representaciones religiosas teatralizadas fueron algo puntual y se repetían una y otra vez. En cambio, en la antigua Atenas, por primera vez en la historia de la humanidad, nació el guion. El espectador no sabía cómo se iba a desarrollar la trama. Puede que conociera el mito que estaba viendo, pero el diálogo, el desarrollo de la historia y la evolución de la trama eran nuevos para el público. Las representaciones teatrales también estaban llenas de emoción. En la época clásica, el teatro se convirtió en verdadero teatro gracias a los tres grandes tragediógrafos: Esquilo, Sófocles y Eurípides.

—¿Por qué eran grandes?

—Veámoslos uno a uno.

—¡Oh, no, no lo hagas! Me voy a aburrir...

—¡No te vas a aburrir, te lo prometo! Son muy interesantes. No tengas tanta prisa. Esquilo, el primero de los tres, era un simple trabajador en los viñedos. Uno de sus hermanos, Cinegiro, un joven forzudo, se había hecho famoso por su heroica muerte en la batalla de Maratón, cuando se apresuró a detener un barco persa que intentaba escapar.

—¿Al que cortaron en pedazos los persas para librarse de él?

—Ese mismo. Su otro hermano también fue el primero que arremetió en su barco contra la flota persa durante la batalla de Salamina.

—Ah, ya veo, una familia muy apacible. Muy contenida, vamos.

—Digamos que también se podría decir que heroica. Esquilo,

sin embargo, no tenía nada más que mostrar más allá de su simple y leal participación en la lucha nacional. Su vocación estaba en otra parte. Se dice que una noche el dios Dioniso se le apareció en sueños y le pidió que escribiera obras de teatro. El joven se despertó sobresaltado por el sueño e inmediatamente comenzó a escribir su primera obra de teatro. Estaba destinado a convertirse en un famoso poeta trágico.

—¿Poeta? Pero ¿no acabas de decir que escribía obras de teatro?

—Llamamos poetas trágicos a los escritores de teatro de la Antigüedad, porque las obras que escribieron se llamaban tragedias y porque no estaban escritas en prosa sino en verso, es decir, escribían poesía. Esquilo es considerado el padre de la tragedia.

—Pero ¿no me dijiste antes que el padre de la tragedia era Tespis?

—Sí, pero Esquilo cambió las reglas, estableció que cada poeta debía presentar una trilogía e introdujo un segundo actor para dotar a la trama de más acción...

—¿Cómo? Hasta entonces no subía más que un actor al escenario...

—Sí, y conversaba con el coro. Esquilo, al introducir un segundo actor, hizo más interesante la trama. Además, se encargaba de supervisar todos los detalles: el vestuario, la escenografía, etc.

—De acuerdo, Esquilo era un genio. ¿Y qué pasa con los otros dos?

—El segundo gran poeta trágico fue Sófocles. Llevó el teatro aún más lejos. Añadió un tercer actor y confirió mayor importancia a los personajes de sus obras.

—¿Un tercer actor? ¡Vaya aglomeración!

—Y obtuvo más victorias que cualquier otro poeta trágico.

—¿Y el tercero?

—El tercero cronológicamente fue Eurípides. Introdujo en el teatro el *deus ex machina*, se distanció de los grandes héroes de la mitología, situó al hombre mismo en el centro de su obra y profundizó en la psicología de sus personajes. Por primera vez se desarrollaba ante los ojos del público un verdadero drama psicológico.

—¿Qué es eso del *deus ex machina*? ¿Como un café de máquina? —Se rio.

—Sí, ¡sentaba igual de bien en el estómago! Pero ¿qué cosas se te ocurren? Los dramas antiguos están llenos de enredos y situaciones complicadas. La trama se volvía muy compleja y siempre evolucionaba de mala manera. ¡Era una tragedia, no una comedia! Así que, en algún momento, un dios tenía que intervenir y aportar una solución. Para acabar con el problema o al menos salvar alguna situación. Y así se creó un mecanismo que permitía al actor aparecer en escena como si fuera un dios surgido de la nada.

—¿Como una especie de grúa?

—Como una grúa o como una trampilla que se abría y ¡zas! Ahí está tu dios diciéndote que te esperes un minuto que va a solucionar el problema que provocaste.

—Parece una solución demasiado fácil. Escribes la trama que te da la gana y luego traes a un dios, al que quieras, porque, amigo, había una docena y pico donde elegir, para que venga a pagar los platos rotos.

—Sí, por eso este recurso en particular se utilizó con moderación. Los espectadores más rigurosos llegaron incluso a criticarlo. Supongo que no el público en general, que normalmente se sentía aliviado por la intervención divina.

—¡Ajá! Entonces ya había aficionados al teatro con gustos más refinados. ¿Así que la Atenas clásica se considera el mejor momento de la antigua civilización griega porque tenía el Partenón y existía el teatro? ¿Nada más?

—No te das por vencido, ¿eh? ¡No te basta con nada! No, no era todo lo que había. Las mentes más brillantes de toda la Hélade comenzaron a congregarse en Atenas. Científicos, historiadores, artistas...

—Aparentemente del mismo tipo. Pero ¿por qué en Atenas?

—Sobre todo porque Atenas tenía una democracia que funcionaba. ¿Y qué necesita la democracia? Pues diálogo y persuasión. Así, por primera vez en la historia, la palabra, la expresión y la argumentación ocuparon una posición de poder privilegiada. La sofística y la retórica eran muy apreciadas.

—¿Y todo esto solo sucedió en Atenas?

—No, no exclusivamente en Atenas, pero sí principalmente allí. Por supuesto, esto no significa que no haya habido un desarrollo espiritual similar en otros lugares. Por ejemplo, Siracusa, en Sicilia, se considera la patria de uno de los fundadores de la retórica, Córax de Siracusa.

—¿Córax? ¡Vaya nombre!*

—Sí, Córax se llamaba. Hay una anécdota sobre él. Una vez fue a buscarlo un tal Tisias y le dijo: «Maestro, no tengo dinero, pero enséñame y te pagaré con el dinero que consiga cuando gane mi primer juicio». Córax accedió y le enseñó, pero como pasaba el tiempo y Tisias evitaba poner en práctica sus dotes retóricas en los tribunales, Córax continuaba sin cobrar. Así que lo llevó a juicio, argumentando que, de cualquier manera, debería pagarle, porque si Tisias perdía el juicio, se vería obligado a pagarle, mientras que si ganaba, también debería pagarle, porque sería el primer dinero que ganaba en un juicio. A lo que Tisias respondió que no pagaría en ningún caso, porque si él mismo ganaba el juicio, Córax debería respetar la decisión del tribunal que le había dado la razón a él, de modo que no pagaría ni un céntimo, y en el caso de que perdiera, tampoco pagaría su deuda, porque aún no habría ganado dinero en su primer juicio. Los jueces no podían llegar a un acuerdo, así que simplemente pronunciaron la frase «de tal palo, tal astilla».

—¿Y qué hay de la filosofía? ¿También en Atenas?

* *Córax* significa «cuervo» en griego (*N. de la t.*).

—Los primeros filósofos, como hemos visto, procedían de las colonias. Eran filósofos de la naturaleza, es decir, se interesaban por cómo se había creado el mundo partiendo de la naturaleza. Había llegado el momento de que el pensamiento humano reflexionara desde un punto de vista filosófico: la naturaleza, el hombre, la sociedad, el amor, la muerte. ¿Y cuál era el lugar idóneo para poder desarrollar la filosofía ahora en la época clásica?

—¿Digamos que Atenas, que es la respuesta obvia?

—Correcto, así es, fue en Atenas, donde se desarrolló la nueva filosofía. Tres son los grandes filósofos que debes recordar.

—¿Otra vez tres?

—Sócrates, Platón y Aristóteles. Cada uno maestro del siguiente.

—Todavía me cuesta retener los nombres de Esquilo, Sófocles y Eurípides. ¿Ahora también quieres que recuerde en qué orden van estos tres?

—Para que te acuerdes del orden acuérdate de la palabra *SPA*, que coincide con las iniciales de los tres. Al fin y al cabo, ¿qué es la filosofía, sino un *spa* para el alma?

Sócrates es el más grande filósofo ateniense y debido a su influencia en Platón, y la de Platón en Aristóteles, y a su vez la de estos en todos los filósofos posteriores, podemos decir que Sócrates fue el padre de todos ellos.

—¿Tan importante fue lo que escribió Sócrates?

—Sócrates no escribió nada. Solo hablaba y no se andaba con rodeos.

—Bueno, ¿y cómo sabemos lo que dijo?

—Sus discípulos escribieron sobre él, siendo Platón y Jenofonte los más importantes. Por supuesto, es muy probable que la primera persona a la que se le ocurriera poner por escrito lo que decía Sócrates no fuera uno de sus discípulos, sino un zapatero llamado Simón.

—¿Un simple zapatero?

—Verás qué curioso es lo que te voy a contar. Sócrates prefería hablar con mentes frescas y jóvenes. La juventud siempre duda de todo y escucha con la mente abierta y sin prejuicios. Los jóvenes que todavía no habían servido en el ejército no podían traspasar los límites del Ágora.

—Ya veo, la opinión de que «el ejército te hace hombre» existe desde entonces.

—Así que los jóvenes se reunían y pasaban el rato en las tiendas que estaban justo en el límite del Ágora. La zapatería de Simón estaba justo fuera del Ágora. Sócrates, a pesar de que fuera descalzo, solía frecuentar esa zona —aunque evidentemente no hacía mucho gasto— y allí se reunían los jóvenes para hablar con él. Simón parece haber sido el primero en pensar: «Bueno, pero qué bien habla... ¿A lo mejor lo apunto para poder recordarlo?». Por supuesto, ninguno de los discípulos de Sócrates que escribieron sobre él menciona a Simón.

—Vaya, ¿y eso?

—Tal vez por envidia, tal vez por clasismo, pero los escritores posteriores sí lo mencionan. Incluso se llegó a cuestionar su existencia, por no hablar de los textos que escribió. Sin embargo, la arqueología nos dio una grata sorpresa, porque durante unas excavaciones realizadas en el Ágora se encontró un edificio cercano. Allí dentro se conservaban unas cajitas que contenían trozos de huesos pequeños, quizá para sujetar los cordones, tachuelas pequeñas para las suelas de los zapatos... y un vaso con una inscripción en la que pone que este vaso pertenece a un hombre llamado Simón. Así que lo más probable es que ese edificio fuera la zapatería que frecuentaba Sócrates.

—¿Y por qué tanto revuelo por Sócrates?

—Sócrates fue mucho más que un simple filósofo. En primer lugar, y aunque no venga al caso, te lo comento para que te hagas una idea general sobre su personalidad, fue un gran guerrero. En una batalla en la que participó, los atenienses se retiraron derrotados. Jenofonte, uno de sus compañeros de armas, discípulo y más tarde historiador, se cayó del caballo y como consecuencia resultó herido. Sócrates lo cargó en sus hombros y consiguió sacarlo sano y salvo de la masacre. También era muy ocurrente. En una ocasión alguien le preguntó si debía casarse o no, y Sócrates le respondió que tomara la decisión que tomara se arrepentiría de las dos cosas. Una vez invitó a gente a su casa, que era muy modesta y más bien pobre, y su mujer se asustó porque le daba vergüenza recibir invitados en semejante cuchitril. El filósofo, tan tranquilo, le respondió: «Si son buenas personas, no se preocuparán por nuestra casa, y si se preocupan por nuestra casa, no merecerá la pena que nos preocupemos por ellos».

—Lo apunto, a partir de ahora lo diré yo también.

—Al final, Sócrates, con sus preguntas y su ingenio, resultaba muy incómodo a los respetables atenienses, de modo que acabó siendo juzgado y condenado a muerte. Un amigo suyo le dijo: «Vas a morir injustamente», a lo que él respondió con calma: «¿Preferirías verme morir de manera justa?».

—¿Pero por qué querría alguien acusar a Sócrates?

—Por muchas razones, es un largo debate. Pero piensa que en su juicio el acusador no fue uno, sino tres, Meleto y Licón, de quienes sabemos poco, y Ánito, del que sabemos que era curtidor y estaba molesto porque Sócrates lo presionaba para que dejara estudiar a su hijo.

—¿No quería?

—No, quería que su hijo fuera curtidor como él. Sócrates le suponía un estorbo y le resultaba molesto. Tenía los enemigos equivocados y a veces también los amigos equivocados. Por ejemplo, le hicieron pagar por su antigua amistad con Critias, un joven intrépido que fue condenado al exilio, pero que volvió rápidamente cuando se proclamó una dictadura en Atenas y ocupó un alto cargo en el gobierno de los Treinta Tiranos, y mandó matar indiscriminadamente a quien no le gustaba.

—¿Y Sócrates y él eran amigos?

—Entonces ya no, su amistad había llegado a su fin, ya habían cortado relación. Y, en efecto, Sócrates no se acobardaba frente a los tiranos. Así que Critias promulgó una ley que prohibía a los jóvenes menores de treinta años hablar con Sócrates.

—¿Y Sócrates qué hizo?

—Se rio y dijo: «¿Y si el panadero es joven, tampoco podré comprar pan?».

—¿Y por qué le hicieron pagar por esa amistad si ya se habían peleado?

—Porque ya no pudo quitarse el estigma. En cualquier caso, el pensamiento de Sócrates ejerció una gran influencia en sus discípulos, siendo el más famoso de todos ellos Platón.

—Bien, háblame de Platón, pues.

—Platón fue un discípulo musculoso de Sócrates —por eso lo llamaban Platón, porque era corpulento y tenía la espalda ancha—. Una leyenda decía que mientras el pequeño Platón dormía de niño en su cuna, unas abejas fueron y se posaron suavemente en sus labios, presagio de la dulzura que esos labios iban a dar al mundo.

—¿Todo el mundo tenía que tener una leyenda en su infancia? ¿Acaso no podían dedicarse a llorar y ensuciar el pañal como todo hijo de vecina?

—Bueno, seguro que también lo hacía. Cuando se hizo un hombre, y tras la muerte de su maestro Sócrates, se convirtió en su alumno más famoso y el que, en última instancia, le otorgaría a Sócrates fama para la posteridad, ya que fue el protagonista de la mayoría de sus libros. Porque los libros de Platón no eran densos tratados filosóficos, sino diálogos, como en las novelas. Y allí, a las afueras de Atenas, en el campo, en un hermoso paisaje lleno de vegetación, cerca del santuario del héroe Academos, fundó la primera escuela filosófica oficial del mundo: la Academia.

—¿Y qué decía la filosofía de Platón dicho de manera sencilla?

—La filosofía de Platón no es sencilla. ¡Es imposible describirla en pocas palabras sin traicionarla! A lo largo de su vida la perfeccionó y modificó.

—Hazme un resumen por lo menos. ¿Con qué me tengo que quedar de Platón?

—Si tienes que quedarte con algo de Platón, te sugiero que sea con el mito de la caverna. Explica por qué existe la estupidez humana, por qué es difícil vencerla y por qué la gente tiende a ser conservadora y a temer el cambio.

—¡Adelante!

—Imagínate que todos vivimos en una cueva. Estamos encadenados y solo podemos ver la pared de enfrente. Por encima de nosotros, en lo alto de la cueva, arde un fuego y pasan varios objetos que proyectan sus sombras en la pared, de modo que el único mundo que conocemos son esas sombras. Pero supongamos ahora que alguien que quiere mostrarte la verdad te desencadena y te saca a la superficie. Al principio —piensa, toda una vida encerrado y atrofiado en una cueva húmeda y oscura—, el ascenso hace que te fatigues y te resulta doloroso. Alcanzas la salida a duras penas y entre dolores insoportables. La luz te ciega. Te mareas. Padeces los dolores que te provocó la subida y estás aturdido. A pesar de todo aguantas y lo soportas. ¿Qué pasa después? Comienzas a ver de otra manera los objetos y las cosas reales, que durante toda tu vida simplemente conociste como sombras distorsionadas. Te quedas en *shock*. Crees que te volviste loco. ¡Comprender la verdad siempre es difícil! Pero también puedes con ello y no pierdes la razón. Y entonces te dices a ti mismo, ¡qué maravilla! ¡Tengo que despertar a los demás, que están subyugados a esta mentira! Desciendes a la cueva y les cuentas la verdad. Tus ojos, ya acostumbrados a la luz, no pueden ver en la oscuridad. Tropiezas y te arrastras mientras los demás te ven porque sus ojos están acostumbrados a la falta de luz. ¿Y te oyen soltar incongruencias y dudas sobre lo que aprendieron toda la vida? ¿Quién eres tú para cuestionar su verdad y su fe en las sombras que les han enseñado desde siempre?

¡Te tambaleas y no comprendes lo que te está sucediendo! Es normal que te ignoren o que te odien. Y en pocas palabras este es el mito de la caverna. Si quieres saber más sobre Platón, tendrás que profundizar en su filosofía. A partir de entonces, la filosofía se vuelve más complicada.

—¿Con Sócrates y Platón?

—Y el grupo se completa con Aristóteles.

—¿Está Aristóteles al mismo nivel que los otros dos?

—No exactamente. Aristóteles era de Estagira, una ciudad fundada por colonos de la isla de Andros, y aunque quedó huérfano siendo un niño, era de familia acomodada y marchó a estudiar a la Academia de Platón. No pudo suceder a Platón al mando de la Academia cuando este murió, pero recibió una inesperada oferta de trabajo del rey Filipo II de Macedonia para abrir una «universidad privada» para el heredero del trono macedonio, Alejandro.

—¿Y aceptó?

—Aceptó y, a cambio, Filipo reconstruyó la ciudad natal de Aristóteles que había destruido.

—Bueno, ¿y abrió una «escuela» con un alumno?

—Alejandro fue el pretexto, pero no fue el único alumno. A las clases asistían todos los hijos ricos de los aristócratas de Macedonia. Cuando finalizó sus estudios aquella generación destinada a arrasar el mundo con la campaña de Alejandro Magno, Aristóteles cerró la escuela del Norte y abrió una nueva en Atenas, el Liceo, con una clientela más numerosa. Aristóteles abordó todos los temas. Estudió filosofía, zoología, botánica, ciencias políticas, poesía, música, teatro, y en general lo cuestionaba todo. Se podría decir que fue el primer pensador versado en distintas ciencias. Lamentablemente, las obras que escribió se perdieron. La parte principal de su obra que ha llegado hasta nosotros son las lecciones que preparaba para los alumnos de su escuela; una especie de apuntes de clase muy fieles.

—¡Lo convertiste en una lección de filosofía! Se supone que me ibas a hablar de arqueología.

—Tienes toda la razón, volvamos al tema. La época clásica trajo cambios fundamentales en el terreno del arte y sobre todo en la escultura. Atrás quedaron esos gestos carentes de naturalidad y esa sonrisa casi irónica con la que las estatuas nos miraban. Ahora las estatuas adquieren seriedad y severidad en la mirada. Por eso el estilo de la época se denominó estilo severo. Por supuesto, esto no fue lo único que cambió.

—¿Qué más cambió?

—No recuerdo si ya te lo dije, pero en general el arte griego antiguo no era ni estático ni conservador. Los artistas se cansaban pronto de hacer lo mismo, así que el arte cambiaba regularmente y evolucionaba más o menos cada veinticinco años.

—¿Por qué cada veinticinco años? ¿Había alguna razón?

—La razón es muy sencilla. Cada nueva generación de artistas conservaba lo que les gustaba de sus maestros, pero intentaba superarlos creando algo mejor. Las estatuas ahora se ven liberadas de las formas y los modelos estereotipados de la época arcaica. Muy importante en el terreno de la escultura fue el descubrimiento del llamado *contrapposto*.

—¿Te das cuenta? Vas y me lanzas este término como si fuera lo más obvio del mundo. Cuando usas terminología griega, me pierdo, pero si ahora empiezas con los latinismos... ¡Esto será el acabose!

—¡De contra y puesto! Es decir, opuesto. Si te fijas, las estatuas arcaicas están rígidas, como si les hubieran metido un palo. Ahora la estatua ya no adopta esa postura tan hierática y poco natural. El escultor traslada el centro de gravedad del cuerpo a una pierna, relaja la otra pierna, tuerce un poco los hombros y los dos lados del cuerpo adoptan una posición distinta entre sí. Tienen una pose asimétrica el uno con respecto al otro. Algo así como cuando nos colocamos al hacer cola en un banco, es decir, con naturalidad. Ahora el artista hace lo que quiere con los cuerpos. Tomemos como ejemplo al escultor arcaico Agéladas.

—Me estás bromeando. ¡Es imposible que existiera un nombre así!*

—¡Es un nombre real! Y es feísimo, sí, pero, por lo que dicen, era un escultor excelente. Dicen, porque desde luego no podemos saberlo, puesto que no nos ha llegado nada de su obra. Se trata de un escultor «arcaico», aunque todos sus alumnos pertenecieron ya a la época clásica. Los más famosos fueron Fidias, que realizó las esculturas del Partenón, Mirón, que es el autor del famoso Discóbolo —donde se ve perfectamente cómo el cuerpo se tuerce y se inclina como una culebra mientras el atleta se prepara para lanzar el disco y asombrar al público aficionado—, y Policleto, que además de hacer su famosa estatua, el Doríforo...

—¿Doríforo? Ya empezamos con los nombres....

—Se llamaba Doríforo porque llevaba una lanza en la mano, porque *dory* en griego significa «lanza», así que es «el que lleva la lanza», es decir... ¡Doríforo! Se han hecho cientos de copias desde entonces y se considera que representa el canon de las proporciones ideales del cuerpo humano. Policleto llegó a escribir sobre ellas un libro que se perdió. Policleto el Joven, que construyó el famoso teatro de Epidauro, quizá fuera su hijo. Y ya que te mencioné que «construyó un teatro», déjame decirte que hubo muchos arquitectos que escribieron tratados sobre sus obras. Se trata de una profesión que ya se veneraba y admiraba en la Antigüedad. Por ejemplo, hubo un tal Teodoro, encargado de construir el *tholos* de Delfos, una misteriosa estructura circular, que llegó incluso a escribir un libro.

—¿Ese libro se conserva?

—Por desgracia también se perdió.

—¿Y ni siquiera sabemos qué demonios era ese edificio circular?

—Continúa siendo una incógnita. En Epidauro existe un edificio circular similar construido por Policleto el Joven, de quien dijimos

---

* *Agelada* significa «vaca» en griego (*N. de la t.*).

que también construyó el teatro. Pero tampoco sabemos mucho sobre el uso que se le daba.

—¿Y siguieron construyendo todas esas columnas clásicas?

—No se llaman columnas clásicas.

—¡Bueno! Pues el orden ese dórico y jónico del que me hablaste antes.

—Normalmente sí, pero en época clásica se creó el tercer gran orden arquitectónico de la Antigüedad: el corintio. Cuenta la leyenda que el escultor Calímaco iba paseando por las afueras de Corinto hasta que se topó con la tumba de una muchacha...

—¿Cómo? ¿Se iba a pasear al cementerio? Debía estar un poco loco, ¿eh?

—Entiendo que te pueda sonar raro, pero verás... Los cementerios en la Antigüedad estaban fuera de la ciudad para evitar enfermedades, no solo porque mucha gente moría de enfermedades infecciosas, sino también porque la muerte en general se consideraba algo impuro y de mala suerte, así que convenía mantener alejado el mundo de los vivos del de los muertos. Sin embargo, como los muertos eran al mismo tiempo antepasados y parientes, y debían ser debidamente honrados, solían enterrarse junto a los caminos que llevaban a la ciudad. Por eso, en muchas lápidas antiguas se pueden leer inscripciones que hablan a los transeúntes. Además, si un enemigo quería dar un verdadero golpe bajo al adversario en los innumerables conflictos que hubo entre los griegos de la Antigüedad, lo que hacía era destruir un cementerio —los etolios se lo hicieron a los macedonios— o trasladar a los muertos de la ciudad a otro lugar, para arrebatarles así sus raíces, y que se sintieran desarraigados —los atenienses se lo hicieron a los delios—, pero en general rara vez se hacía porque se consideraba un terrible sacrilegio.

—Me pusiste los pelos de punta. Bueno, volvamos al paseo de Calímaco por Corinto.

—Bien, Calímaco, mientras paseaba por Corinto, vio la tumba de una muchacha y sobre ella una cesta en forma de cono abandonada.

La cesta contenía los juguetes y objetos personales de la pequeña, que no había tenido tiempo de disfrutar lo suficiente en vida. Abandonada allí encima desde hacía años, la cesta se había integrado en la naturaleza que rodeaba la olvidada tumba y las hojas de un acanto habían envuelto la cesta de mimbre. Se dice que Calímaco se inspiró en esa imagen para crear el más elaborado de todos los capiteles de la Antigüedad, el corintio.

—Es decir, si entendí bien, la antigua Grecia después de las guerras médicas comenzó a evolucionar a un ritmo frenético.

—Así es. Llamamos la Pentecontecia a los cincuenta años inmediatamente posteriores a las guerras médicas, durante los cuales se produjo un crecimiento vertiginoso de las artes, las ciencias y el comercio. Y, por supuesto, ¿qué nos queda por hacer cuando el pensamiento humano, el arte y la cultura han alcanzado un auge increíble?

—¿Qué?

—Pues, por supuesto... una guerra civil.

—Lo dices con ironía, ¿no?

—¡Pues claro! El ascenso de Atenas asustó tanto a Esparta como a sus aliados, y la guerra del Peloponeso, que duró veintisiete años (del 431 al 404 a. C.), alcanzó una dimensión tan grande que el resto de la Hélade se vio obligada a decantarse por una u otra ciudad. En las aproximadamente tres décadas que duró, cuando una de las partes se cansaba y exigía la paz, la otra de manera oportunista no la aceptaba, de modo que el juego continuaba.

—¿Qué bando ganó esa guerra civil tan larga?

—Esparta.

—¿Perdón? Esa Atenas hecha y derecha, con Pericles al mando, una flota y una red tan poderosa... ¿cómo pudo perder?

—Pericles murió víctima de la gran peste que asoló Atenas durante los primeros años de la guerra. La ciudad tuvo que humillarse. Y aunque pudo recuperar el aliento e incluso a veces pareciera que fuera a ganar la guerra, finalmente Atenas se doblegó y su alianza se desmoronó. Cayó la democracia y se instauró una dictadura con treinta hombres al mando, llamada el gobierno de los Treinta Tiranos. Los tiranos llevaron a cabo ejecuciones masivas de demócratas y, en general, se deshacían de cualquiera que no estuviera de acuerdo con ellos.

—¡Oh! ¿Y duró mucho esta situación?

—Afortunadamente, no. Los atenienses no pudieron soportar vivir bajo una dictadura durante mucho tiempo. Al cabo de unos meses, el pueblo se sublevó, expulsó a los tiranos y volvió a instaurar la democracia. Atenas intentaba recuperarse poco a poco y cerrar sus heridas sociales y de guerra, pero le llevó varios años. Una pequeña joya que conservamos de esa época es una lápida que nos ha llegado hasta hoy en día. Es muy conocida y representa a un jinete que está matando a un enemigo.

—Es decir, como san Jorge o san Demetrio.

—Muy bien. El motivo del jinete que está matando a alguien continuó empleándose en el arte hasta la época en que los santos de la fe cristiana fueron representados a caballo matando enemigos y dragones.

—¿Por eso esa lápida es tan importante?

—¡No solo por eso! Se trata de un muchacho, Dexileos, que murió como jinete mientras participaba en una escaramuza en Corinto. Tan solo tenía veinte años. Es la única estela funeraria que nos ha llegado de la antigua Atenas en la que aparece el año del nacimiento y de la muerte del difunto.

—¿No ponían la fecha?

—No.

—¿Y por qué se la pusieron a Dexileos?

—Porque murió pocos años después del gobierno de los Treinta. Y los tiranos, por supuesto, no eran pescadores, ni agricultores ni se dedicaban a la artesanía, sino que eran aristócratas. Jinetes. Es decir, tenían dinero para mantener caballos que pudieran ser utilizados en la guerra. Por eso, la familia del joven jinete muerto quiso demostrar que el chico tan solo tenía once años cuando se formó ese gobierno y, por lo tanto, no era responsable de los daños que hubieran causado esos aristócratas.

—¿Y qué pasó después del final de la larga guerra civil?

—Con el final de la guerra del Peloponeso, el famoso, ínclito y orgulloso siglo v —de Pericles, por supuesto— finalizó con Atenas lamiéndose las heridas y el mundo griego cansado de los constantes conflictos. Esparta creyó que había recuperado su posición hegemónica sobre el resto de las ciudades griegas. Pero ella también rebosaba soberbia. Así que había llegado el turno de que otra ciudad griega despuntara. Unos años más tarde, Tebas tuvo la suerte de convertirse en el hogar no de uno, sino de dos estrategas brillantes: Epaminondas y Pelópidas. Así, la hasta entonces provinciana Tebas aumentó y mejoró su ejército, llegando a convertirse en la fuerza más poderosa de Grecia. Aunque le duró pocos años.

—¿Logró imponerse el débil?

—Y no solo eso, sino que logró lo imposible: ¡derrotó a Esparta! Por primera vez un ejército extranjero estaba amenazando a Esparta, la única ciudad griega que no tenía murallas.

—¿Esparta no tenía murallas?

—¿Para qué las quería? ¡Tenía guerreros espartanos! Pero el ejército tebano nunca entró en la ciudad. A pesar de ello Esparta perdió el control incluso en el propio Peloponeso. Mesenia y Arcadia, que durante siglos habían estado esclavizadas por Esparta, obtuvieron la independencia y nuevas capitales, Mesene la una y Megalópolis la otra. Cuando Tebas perdió a sus imbatibles gemelos, Epaminondas y Pelópidas, perdió también su supremacía en el mundo griego.

—¿Y qué ciudad tomó la delantera?

—En este intervalo de tiempo, Atenas intentó levantar cabeza. Volvió a entablar la misma alianza de antes con casi todo el Egeo, solo que esta vez intentó ser más discreta y menos opresora con sus aliados, para evitar hostigarlos y que le volvieran a dar la espalda. Pero ya no volvió a ser tan poderosa.

—Supongo que con todas esas guerras lo que menos les preocupaba es que prosperara su gran civilización, ¿no?

—El desarrollo y el progreso de las artes no se desvanecieron, como tampoco cesaron la filosofía y la ciencia. Puede que te sorprenda, pero ten en cuenta que, aunque el Peloponeso fuera una especie de miniuniverso de la época, aquellos pueblos nunca habían vivido en paz unos con otros. Solo que, en lugar de un conflicto generalizado entre dos bloques rivales, hubo escaramuzas, batallas y guerras individuales entre ellos. Mientras tanto, el arte y la ciencia continuaron evolucionando en paralelo a todos esos conflictos.

—Todo esto está muy bien. Pero, hombre, no puedo callármelo. Los arqueólogos, historiadores, etc. tienen un problema: no hacen más que utilizar términos extraños y hacer análisis de las artes y de las ciencias y, al final, ¿dónde quedan las personas?

—Omnipresentes en todo lo que hemos dicho.

—¿Cómo? ¡Todo este tiempo me has estado contando historias y cosas de cultura general! ¿Dónde aparecen en medio de todo esto las personas que vivieron entonces?

—Si te fijas más en los detalles, allí te los encontrarás bien vivos, con vidas llenas de alegría, fortuna, miedo, dolor, pérdida... ¡Incluso entre las cosas más pequeñas! Tomemos como ejemplo una serie de discursos judiciales de Pseudo-Demóstenes de la Atenas de esta época de la que ahora estamos hablando.

—¿Qué son los discursos judiciales? ¿Y a qué época pertenecen? ¿Después de la guerra del Peloponeso? ¿Y quién es el Pseudo-Demóstenes?

—Efectivamente, después de la guerra del Peloponeso. Los discursos judiciales son como las demandas que los ciudadanos atenienses presentaban en los tribunales. Demóstenes fue un famoso orador y político. Sin embargo, algunos de los discursos que conservamos se le atribuyeron a él, pero en realidad sabemos que no eran suyos.

—¿Y por qué se decían que eran suyos?

—¡Por prestigio! En esos discursos se cuenta una historia increíble, en la que intervienen un esclavo, una prostituta y un político obsesivo.

—¡Bueno, amigos seguro que no eran! ¿El esclavo era propiedad del político?

—¡El esclavo era el padre del político! Pasión era un extranjero, probablemente de Siria o de algún lugar de por allí, que pertenecía a dos atenienses propietarios de un pequeño banco en el Pireo. Era tan bueno en su trabajo y contribuyó tanto al crecimiento del banco que sus jefes le otorgaron la libertad. Y no solo eso, sino que, cuando se retiraron de la vida laboral, le legaron el banco. Pasión tenía una esposa, llamada Arquipa, que también era muy astuta y competente, y juntos convirtieron el banco en el más poderoso de Atenas. Fundaron una fábrica de escudos y, cuando la ciudad necesitaba ayuda, donaron mil escudos y una embarcación completa de guerra. Para no extenderme mucho, Atenas le concedió el título honorífico de ciudadano ateniense por su contribución y otorgó la ciudadanía ateniense a sus dos hijos.

—¿Y a su mujer?

—A su esposa probablemente nunca le sucediera eso, pues las mujeres no tenían derechos políticos en la antigua Atenas. Pasión murió aproximadamente a los sesenta años, pero no dejó su negocio a su hijo mayor, Apolodoro, que entonces tenía veinticuatro años, sino que prefirió dárselo a un esclavo emancipado que tenía llamado Formión. Este Formión tomó como esposa a Arquipa, la viuda de Pasión, y se convirtió así en el tutor del otro hijo menor de edad, y juntos continuaron dirigiendo el negocio.

—¿Y a Apolodoro lo excluyeron de todo?

—Sí, y aunque en apariencia gozaba de una situación económica acomodada y se casó bien con una rica mujer ateniense y de buena familia, no descansó tranquilo y llevó a Formión a los tribunales. Y perdió. Bien, vámonos ahora al Corinto de esta misma época, donde vive Neera, una prostituta.

—Pero ¿cómo saltas así de una historia a otra?

—Espera y verás. ¿No querías historias en las que aparecieran personas? Bien, pues Neera, presumiblemente huérfana, cayó en las garras de una proxeneta que regenteaba un prostíbulo en Corinto, en el que presentaba a todas las chicas que tenía como a sus hijas para poder cobrar más por ellas. Con los años, *madame* Timarete, que ya se había forjado un nombre, llevó consigo a la bella Neera de gira fuera de Corinto, a la entonces rica Atenas. Allí la joven se encontró con Frinión, que le dirigió una dulce mirada. Sin embargo, cuando regresó a Corinto, Timarete aceptó venderla a dos amigos que querían turnársela. Pero como uno de ellos seguía viviendo con su madre, acordaron que viviera en casa del otro. Hasta que un día los dos muchachos decidieron sentar cabeza y le ofrecieron comprar su libertad.

—¿Y podía? ¿No era mucho dinero?

—Tal y como te imaginaste, sus ingresos no eran suficientes, así que pidió ayuda al ateniense de Frinión, que la deseaba y que la ayudó comprándola. Pero él se la llevó a Atenas y una vez allí la prostituyó. La muchacha se las vio negras hasta que pudo huir a Megara. Allí conoció a un tal Estéfano, quien al parecer se enamoró de verdad de ella.

—Sinceramente, no sé a dónde quieres llegar.

—¡Espera! Neera le pidió que se fueran juntos de allí y le dijo: «Contigo aprendí que existen nuevas y mejores emociones, contigo aprendí a conocer un mundo nuevo de ilusiones». A lo que este le respondió: «Si tú me dices ven, lo dejo todo, si tú me dices ven, será todo para ti».

—Pero ¿esto no son boleros de los Panchos y Armando Manzanero?

—¡Amigo, en algo hay que inspirarse! Déjame terminar. Así que volvieron a Atenas, pero su ex, Frinión, cuando se enteró, intentó llevársela por la fuerza, pero Estéfano, fiel a su voto de amor, lo detuvo. Acudieron ante un tribunal popular, ¡donde ocurrió algo inesperado! Los jueces decidieron que Neera no pertenecía a nadie y que era dueña de sí misma. Sin duda, un hecho realmente excepcional para la antigua Atenas.

—Entonces, ¿bien está lo que bien acaba?

—¡Uy, no! Estéfano tenía mucha palabrería, pero no tenía dinero y además era un holgazán, así que Neera tuvo que volver a trabajar como prostituta para que tanto ella como él y sus hijos pudieran vivir.

—¿Los de él o los de ella?

—No sabemos de quién. En un momento dado, Estéfano acudió como testigo a un juicio interpuesto por Apolodoro, el hijo de aquel esclavo banquero que se había vuelto rico, contra Formión, que le había arrebatado el negocio de su padre. Y como Estéfano estaba de parte de Formión y Formión había ganado el juicio, se lo restregó por las narices a Apolodoro. Además, pertenecían a partidos políticos opuestos... Así que Apolodoro ardía en deseos de vengarse del pobre Estéfano.

—¿No sería que Apolodoro era un abusón y un acomplejado?

—No sabría decirte, pero da qué pensar el hecho de que su padre no le dejara el negocio y que su madre y su hermano no estuvieran de su parte.

—¿Y finalmente llevó a cabo su venganza?

—Se vengó —o al menos lo intentó— indirectamente. Difamando a Neera. Hubo un gran juicio en el que Apolodoro atacó a Neera, la prostituta, exponiendo ante el tribunal toda su vida, obra y milagros, todas las vergüenzas y escándalos que había llevado a cabo mientras había ejercido la prostitución. Neera, a esas alturas ya casi con cincuenta años, probablemente estuviera presente en el juicio, pero como mujer no tenía derecho a hablar, así que se sentaría y escucharía la acusación. En caso de que la condenaran, correría el riesgo de perderlo todo y ser vendida como esclava.

—¿Y finalmente la absolvieron o no?

—No lo sabemos. Si la declararon culpable, probablemente lo perdería todo y la venderían como esclava.

—¿Cómo que no lo sabemos? ¡Cuánta intriga! Me va a dar algo con tanto suspenso...

—¡Así es la Antigüedad! Nos faltan muchas piezas del rompecabezas, pero nos alimenta la imaginación... y el pensamiento.

—Una historia fascinante esta del esclavo, la prostituta y el hijo desdichado.

—Sin embargo, es muy probable que Apolodoro perdiera el juicio. Ya había perdido otros. Parece que no tenía suerte en eso. Podemos tener la esperanza de que Neera fuera absuelta. Sin embargo, como puedes ver, las historias de la gente de a pie discurrían paralelas a los grandes acontecimientos históricos.

—Bien. Atenas se había cansado. Esparta se había cansado. Tebas fue cantante de un solo éxito. Entonces, ¿quién se apoderó después del mundo griego?

—A mediados del siglo IV a. C. había llegado el momento de que una nueva potencia se hiciera con el poder: Macedonia.

—¿Macedonia también era una ciudad-Estado como las otras?

—El helenismo septentrional no tenía ciudades-Estado, sino reinos: Épiro, Tesalia y Macedonia. Macedonia era un reino pequeño que a menudo recibía ataques por todas partes. Por ejemplo, por parte de Atenas y Esparta durante la guerra del Peloponeso (porque tenía madera y otras materias primas, que resultaban útiles para la construcción de barcos y muchas más cosas), de los tracios, de los ilirios, de todos sus vecinos de los Balcanes e incluso de los tebanos.

—Entonces, ¿hasta la época clásica Macedonia no era nada?

—¡Claro que no! De vez en cuando tuvo reyes ilustres que engrandecieron el reino. El más importante fue Arquelao, que trasladó la capital de Egas a Pela, pero después de Arquelao atravesó un largo y difícil periodo. Sus vecinos no le dieron importancia durante mucho tiempo, hasta que Filipo II subió al trono como rey. Y Filipo era muy astuto. Tomó un reino literalmente en ruinas y en pocos años consiguió no solo resucitar un reino que estaba medio muerto, sino también hacerlo tan fuerte que dominó a todos los demás. Como siempre ocurría, cuando un poder se alzaba en Grecia, los demás se aliaban contra él. En el 338 a. C. la última coalición que se formó contra Filipo se enfrentó a él en Queronea, en Beocia. Y gracias a las artimañas del joven hijo de Filipo y príncipe de Macedonia, Alejandro, que ejercía el mando sobre la caballería macedonia en la batalla, los macedonios ganaron por goleada. Lo que siguió no podía haberlo previsto nadie. Con Alejandro, Grecia salió de sus fronteras. La época clásica había llegado a su fin. El fenómeno llamado Alejandro dejaría tras él otro mundo muy distinto, llamado helenístico.

—Vale, a ver qué recuerdo de toda esta historia de la que me has hablado. La época clásica comenzó con la victoria de los griegos en las guerras médicas y terminó con el dominio de Macedonia en Grecia.

—¡Correcto! ¿Y qué fue lo más trascendental que ocurrió durante la época clásica?

—El increíble desarrollo artístico y cultural y, por supuesto, la interminable guerra del Peloponeso.

—¡Exacto! Y ahora observa cómo la historia cultural y la bélica están conectadas: ¿te acuerdas cuando mencionamos a los tres grandes poetas trágicos? ¿Esquilo, Sófocles y Eurípides? Pues, por pura casualidad estos tres grandes dramaturgos conectan todo lo que acabamos de mencionar, toda la época clásica. En primer lugar, representan el arte más elevado de la época: el teatro, el discurso, la filosofía y la reflexión. Sin embargo, más allá de todo esto Esquilo se identifica con los persas, es decir, con el comienzo de la época clásica, Sófocles con la mitad de esta y la guerra del Peloponeso, y Eurípides con el final y el amanecer de un nuevo poder: el reino de Macedonia.

—¿Y cómo están vinculados a todo esto?

—Esquilo murió a causa de un accidente sucedido en el sur de Italia, en la antigua colonia de Gela, cuando —según cuenta la leyenda— un águila que estaba volando le lanzó una tortuga a la calva de nuestro autor confundiéndola con una roca. Lo único que quería que se escribiera sobre su tumba era que él también luchó en la batalla de Maratón defendiendo —al igual que hicieran sus hermanos— su tierra natal del enemigo persa. La invasión que marcó el inicio de la Grecia clásica, sobre la que, entre otras, escribió una tragedia, *Los persas*. Esquilo obtuvo su primera victoria con esta tragedia, cuyo corego* fue el entonces joven Pericles, el futuro político que gobernaría Atenas cuando alcanzara su máximo esplendor. Sófocles murió durante la guerra del Peloponeso —según la leyenda—, su muerte se produjo o bien mientras comía uvas, o bien al intentar recitar su tragedia *Antígona* sin tomar aliento. En el momento de su muerte, el ejército espartano se encontraba asediando Atenas. Los cementerios estaban a las afueras de la ciudad y los atenienses permanecían encerrados dentro de sus murallas, porque los espartanos, durante la guerra del Peloponeso, los tenían sitiados en el interior de la ciudad. Los espartanos aceptaron el cese de las hostilidades y permitieron el entierro del famoso poeta.

—¿Así que hubo al menos un instante en el tiempo en que la civilización consiguió interrumpir la guerra, aunque solo fuera por un día?

—Así es. Por último, Eurípides, que nació, nos cuenta la tradición, justo el mismo día de la batalla naval de Salamina, escribió los dramas antiguos más humanos, pero abandonó Atenas, molesto con sus conciudadanos —por cierto, parece que nuestro artista era un poco huraño— y se fue a pasar los últimos años de su vida a la corte del rey Arquelao de Macedonia. Arquelao era un ferviente

---

* Un corego era un ciudadano ateniense acaudalado que costeaba la escenificación de las obras de teatro (*N. de la t.*).

admirador del arte y acogió en su corte a la *crème de la crème* artística de su época. Eurípides escribió la tragedia *Arquelao* en su honor, y fue allí, entre la exultante vegetación de Macedonia, donde se inspiró para escribir su famosa obra *Las Bacantes*. Finalmente, murió despedazado por unos perros, mientras daba un paseo por el campo y allí «se quedó para siempre», en la Macedonia que lo abrazó, la Macedonia que cuando Alejandro Magno estaba al mando impulsó la civilización griega más allá de Grecia, por todo el mundo, poniendo fin, así, a la época clásica de la Antigüedad e inaugurando el periodo helenístico.

—¿Te puedo interrumpir un momento? Tengo otra pregunta. ¿Encontrar la tumba de Alejandro Magno se consideraría el hallazgo más importante para un arqueólogo?

—Me lo tenía que haber esperado. Escucha qué quiere decir para un arqueólogo realizar un gran descubrimiento.

Dato curioso
¿Cuál es el hallazgo más importante en una excavación?

—Antes de que te apresures a pensar en un objeto, me adelantaré y te diré que no se trata de eso. El hallazgo más importante que recogemos en una excavación, el que nos aporta la información esencial en la que se basan el resto de descubrimientos, es la estratigrafía.

—¿Qué es la estratigrafía?

—Verás, a lo largo de los siglos se han ido depositando diferentes capas de tierra en un yacimiento arqueológico. Su estudio es sumamente importante para poder realizar una comprensión temporal y espacial correcta del propio yacimiento. Necesitamos hallar respuesta a preguntas como: ¿durante cuántos años estuvo habitado? ¿Cuántos siglos? ¿En qué época? ¿Vivieron en él durante la prehistoria, se abandonó después y se volvió a ocupar en la época clásica? ¿O fue en la romana? Y además de todo esto debemos plantearnos: ¿qué contenía cada capa? ¿En qué capa se encontró ese objeto tan peculiar? ¿Cuándo se construyó ese muro? ¿Cuándo se derribó? ¿Cuándo se perforó ese agujero? ¿Qué había dentro? ¿Cuándo se cubrió? Pues bien, la estratigrafía trata de dar respuestas a todas estas preguntas con evidencias. Además, mientras haya una estructura firme de trabajo, podremos encajar en ella todos los hallazgos. No es necesario dudar de la datación de un vaso o de una estatua, porque la evidencia misma de la tierra y de sus estratos constituye una prueba sólida por sí misma.

—¿Tan sencillo es?

—La estratigrafía no es para nada sencilla. Sin embargo, su lógica es muy simple. Imagina que hay tres libros sobre una mesa. El libro que está debajo de los otros dos fue el primero en colocarse sobre la mesa. Por lo tanto, es el «más antiguo». El libro que está por encima de los demás es el más nuevo. El libro del medio es más reciente que el de abajo, pero más antiguo que el de arriba. Ahora imagínate esto mismo, pero aplicado a las capas de tierra. Por supuesto, en la práctica nunca es tan sencillo, porque no estamos hablando simplemente de tres capas, sino de docenas o cientos, que, además, no están distribuidas de manera uniforme en el yacimiento arqueológico. A menudo tampoco son fáciles de diferenciar las unas de las otras. Y, por supuesto, a lo largo de los años alguien habrá excavado, por ejemplo, para hacer un pozo o una fosa para los desechos. Para hacer esa fosa se habrán tenido que sacar capas de tierra más antiguas, pero cuando se rellene tendrá material más nuevo.

—¿Y cómo pueden diferenciarlas?

—Es necesario realizar un estudio minucioso de todas las capas. Un arqueólogo experto es capaz de distinguir las distintas capas y alteraciones que pueda haber en todo el yacimiento arqueológico. En un punto podrá haber un pozo, un poco más adelante agujeros realizados por estacas, es decir, los agujeros donde clavaban las estacas para construir una cabaña, montar una tienda, cualquier otra estructura, etc.

—¿Y hay riesgo de que se les escape algún detalle, o de estropear una capa, de no localizarla, etc.?

—Sí, el riesgo siempre está ahí. Por eso la excavación debe realizarse con sumo cuidado, como si se tratara de una operación quirúrgica, ¡y su finalidad no consiste únicamente en desenterrar lo que hay bajo el suelo! Por eso las excavaciones clandestinas destruyen mucho más de lo que comúnmente se cree, y se pierde una valiosa información que podría aportarnos muchos datos sobre la Antigüedad. Si las capas se encuentran resguardadas y no han sido alteradas (es decir, nadie ha estado allí recientemente para desenterrarlas, lo que, para que resulte más fácil de entender, vendría a ser como un pastel con diferentes capas en el que alguien con un tenedor entra, lo rompe todo y mezcla las capas), entonces, dependiendo de los hallazgos de cada capa, podremos datarlas.

—Ponme un ejemplo.

—Te pondré un ejemplo muy simplificado: después de cavar te

encuentras con cinco capas en la excavación. En la primera capa hay cerámica de época bizantina; en la segunda, una inscripción romana; en la tercera, cerámica del periodo helenístico; en la cuarta, vasos de figuras negras de época clásica, y en la quinta, micénicos. Como puedes observar, tenemos un yacimiento arqueológico que abarca desde la época micénica hasta la bizantina. Si ahora encontramos una llave o una calavera, dependiendo de la capa en la que la encuentres sabrás de qué época es.

—Estaba convencido de que la finalidad de los arqueólogos era realizar nuevos descubrimientos.

—Sí, también con ese objetivo se realiza una excavación, pero no exclusivamente. Una excavación no necesariamente busca un hallazgo fuera de serie o una hermosa escultura. Por supuesto, la alegría y el entusiasmo son increíbles cuando aparece algo así, pero no es su principal propósito. No somos cazadores de arte. Lo que buscamos va mucho más allá. Y sobre todo necesitamos respuestas. Buscamos respuestas a las preguntas que tenemos.

—Entonces, incluso cuando no encuentran nada, ¿eso también les proporciona información?

—Si en el centro de una gran ciudad antigua no encontramos nada, esto también nos aporta información. ¿En el mismísimo centro y no construyeron nada? ¿Un terreno vacío? Pero ¿y por qué querrían dejar un espacio público abierto tan grande sin construir? ¿Es que había estructuras que no han sobrevivido al paso del tiempo? ¿Quizá unos bancos de madera improvisados y desmontables? ¿Acudiría allí la señora Diotima a comprar la verdura y la fruta? ¿Se trataría de algún lugar de reunión donde bailar como en una fiesta de las que se arman en Icaria? La ausencia de hallazgos no es equivalente a la ausencia de preguntas, de respuestas y de conclusiones. Así pues, encontrar la tumba de Alejandro Magno sería muy interesante, pero de ningún modo es lo único que preocupa a la arqueología como ciencia.

—Bien, ¿y si me cuentas ya algo de Alejandro Magno?

10
VOYAGE, VOYAGE

ALEJANDRO MAGNO

—Alejandro III. Alejandro Magno. Alejandro el Grande. Mega-Álex. Las razones por las que algunos personajes pasan a la historia como «el Grande» son subjetivas y cuestionables. Excepto para Álex, que, en mi humilde opinión, se lo ganó a pulso.

—Pero ¿por qué lo llamas Álex? ¿No es un poco... despectivo?

—¿Por qué tiene que ser despectivo el diminutivo de un nombre? ¿De dónde vienen esos prejuicios? Como te puedes imaginar, soy un ferviente admirador de Álex. Además, estoy seguro de que a Álex le daría igual tanto si hablo mal de él como si lo pongo por las nubes. Solo él fue capaz de cambiar el curso de la historia universal como pocos lo han hecho. Tampoco creo que tenga mucho sentido poner nuestra historia en un pedestal. La historia no necesita ni fama ni honor, porque eso solo nos llevaría por caminos equivocados. Es preferible conocer bien el pasado y estar familiarizado con él.

—Sí, está bien, eso ya lo has dicho antes, sin embargo, pones a «Álex», como tú lo llamas, en un pedestal. ¿Por qué admiras tanto a Alejandro Magno? Después de todo, ¿no fue más que... un asesino más?

—No lo estoy poniendo en ningún pedestal, simplemente creo que su vida fue realmente apasionante. Además, ¿por qué tiene que ser Mega-Álex un «asesino»? ¿Acaso lo fue más que otros dirigentes de la Antigüedad o posteriores? O los tachas a todos en general de asesinos, o aceptas que la historia está manchada de sangre. Es mejor que la contemples desde un punto de vista realista y no diferencies a un único asesino de entre todos los demás.

—Ya, pero ¿Alejandro Magno no mató a muchos más con tanta guerra?

—Ya que sacas el tema, te diré que Álex en particular era bastante menos destructivo que muchos otros. Emprendió menos batallas, siempre trató a los vencidos con más conmiseración que cualquier otro caudillo militar e intentó evitar en la medida de lo posible cualquier tipo de enfrentamiento bélico. Desde luego no era ningún santo, pero tampoco un demonio. Era un joven muy capaz y brillante al que se le subieron los humos a la cabeza en algún momento. Cualquiera que a una edad temprana hubiera conquistado literalmente el mundo entero se habría vuelto loco.

—Sé que emprendió la guerra para conquistar territorios.

—Llevó a cabo la guerra contra el Imperio persa. Hizo realidad lo que muchos habían soñado y lo que se veía venir desde hace siglos. Desde que habían comenzado las guerras médicas, el mundo heleno y el Imperio persa estaban envueltos en un extraño tira y afloja. Desde entonces, y a pesar de que había perdido, Persia no había cesado de inmiscuirse en los asuntos griegos e indirectamente trataba de manipular el mundo heleno. ¿Quién crees que había dado oro a Esparta para que construyera su flota y derrotara a Atenas en la guerra del Peloponeso? Pues Persia. En general era una especie de «guerra fría» entre griegos y persas que todavía duraba ciento cincuenta años después de las guerras médicas. Álex entra en la historia en el momento en el que el mundo griego había decidido trasladar el campo de batalla a la propia Persia. Pero empecemos por el principio. Álex ascendió al trono de Macedonia de una manera totalmente inesperada. Desde luego, era el heredero legítimo, pero por aquel entonces no era más que un adolescente que había discutido con su padre. Papá Filipo II se había vuelto a casar y parecía que aún le quedaban muchos años prósperos por delante como rey. Había hecho planes para atacar al eterno enemigo del mundo griego, el Imperio persa. Así que convocó a los griegos en Corinto y fundó la llamada Liga de Corinto, según la cual las ciudades griegas se comprometían al cese de las hostilidades entre sí y a permanecer unidas contra Persia. De hecho, Filipo fue el primero que logró unir a las demás ciudades-Estado griegas.

—¿A todas?

—A todas no. Una pequeña ciudad del centro de Laconia se negó a someterse.

—¿Te refieres a Esparta?

—Efectivamente. No sé si te lo mencioné antes, pero los espartanos eran dorios, y hablaban dialecto dórico. Bueno, sea como fuere, seguían siendo un pueblo muy austero. Cuando Filipo ya los había derrotado a todos y solo le faltaba Esparta, les envió un mensaje diciéndoles: «¡Si conquisto Esparta, no habrá piedad!». Los espartanos respondieron con un simple: «Si».

—¿De verdad eran tan soberbios los espartanos?

—No, pero después de la fama que se habían ganado a lo largo de tantos siglos, digamos que nadie quería meterse en problemas con Esparta. De todos modos, Filipo respetó a Esparta y la ignoró; y reunió a todos los griegos en Corinto donde formaron una alianza. Luego dio una gran fiesta en la antigua capital de su reino, Egas, para celebrar la boda de su hija, en cuya lista de invitados figuraban todos los vips del mundo griego. En el teatro de Egas, ante los ojos de toda Grecia, Filipo, vestido de blanco inmaculado, hizo desfilar ante los espectadores las estatuas de los doce dioses, y la decimotercera era él mismo.

—Bueno, bueno. ¿Se creía un dios?

—Efectivamente, y eso suponía un acto tremendo de soberbia, por el que pagó al instante, ya que un conspirador salió corriendo de entre la multitud y apuñaló a Filipo hasta que estiró la pata.

—¿Por soberbio o había otro motivo?

—Desconocemos cuál fue el motivo de su asesinato, y tampoco sabemos quién pagó al asesino. El caso es que el fuerte rey había muerto. Y Álex, el veinteañero, se convirtió de golpe en el heredero de la mayor potencia que existía en la Grecia de entonces. Todo el mundo pensó: «Dónde vamos con este mocoso, lo tenemos claro... Esto es el final de Macedonia». Pero Alejandro pensó todo lo contrario. La Liga de Corinto comenzó a desmoronarse. Primero se sublevó Tebas; creyendo el falso rumor de que el joven macedonio había muerto en una batalla contra los tracios, decidió abandonar la alianza panhelénica. La instigó a hacerlo Atenas, mientras le susurraba: «Vamos, sublévate». Alejandro se plantó en tiempo récord ante las murallas de Tebas. «Vamos, Tebas, entra en razón y no lo arruines». Pero Tebas no le hizo caso, así que la conquistó. Cuenta la tradición que como represalia la arrasó, pero en realidad dejó la decisión en manos de la Liga de Beocia, es decir, de las demás ciudades de Beocia aledañas a Tebas. Fue la Liga de Beocia, que durante años había sufrido mucho a causa de los tebanos, la que decidió destruir Tebas por completo. Lo único que hizo Álex fue dar órdenes de que no se destruyera la casa del poeta Píndaro. Y perdonó a Atenas, que había apoyado a Tebas en su rebelión.

—¿Por qué la perdonó?

—Porque Alejandro ya había estudiado con Aristóteles y sabía que Atenas era la ciudad donde las mentes más brillantes del mundo antiguo se habían encontrado y habían llevado a cabo sus creaciones. Era consciente de su grandeza, por lo que no quería verla destruida. Entre unas cosas y otras, Álex cruzó a Asia y continuó lo que su padre había planeado y lo que muchos en Grecia habían previsto desde la época de las guerras médicas, hacía ya ciento cincuenta años atrás: derrotar al Imperio persa.

—¿No había terminado el conflicto con las guerras médicas?

—Por lo que se ve no. Las guerras médicas habían terminado con una victoria griega, pero, como ya comentamos, desde entonces

Persia siempre había intentado debilitar e inmiscuirse indirectamente en los asuntos griegos. La primera batalla tuvo lugar en el río Gránico. El ejército de Álex era muy inferior en número, pero gracias a sus habilidades estratégicas logró una victoria apabullante. Avanzó y liberó a las ciudades griegas de la costa de Asia Menor. Solo unas pocas se resistieron.

—Así que las conquistó.

—De hecho, les permitió elegir el sistema de gobierno que quisieran. La mayoría habían sido democracias en el pasado, así que decidieron recuperar esa forma de gobierno.

—Pero Macedonia era un reino, ¿no? ¿Le convenía que hubiera sistemas democráticos? ¿No debería haber sometido las ciudades a la autoridad del rey?

—Aquí tenemos un ejemplo más de lo diferente que era Alejandro Magno. Sigo contándote. Después hizo una parada en la ciudad de Gordion, donde desató el nudo, y a continuación se dirigió hacia Siria. Allí, en Issos, tuvo lugar otra batalla. Esta vez Persia había desplegado un ejército mucho mayor. Álex, sin embargo, no solamente venció, sino que en el fragor de la batalla huyó el rey persa Darío III, dejando tras de sí todo su palacio portátil, incluida su madre, su esposa y todas sus pertenencias. Álex llegó a Egipto, donde fue aclamado como un libertador, pues con su llegada huyeron los persas, por quienes los egipcios nunca habían sentido mucha simpatía. Los egipcios le dijeron: «Bueno, Álex, nos has sorprendido ¡eres un dios!», así que se lo tomó al pie de la letra. Álex sentía verdadera debilidad por Egipto. Sabemos más que de sobra que los griegos conocían la cultura egipcia desde hacía mucho tiempo, y que muchos eran grandes admiradores. Al fin y al cabo, la civilización egipcia era mucho más antigua que la griega. Piensa que la Gran Pirámide de Keops era más antigua para Alejandro de lo que Alejandro lo es para nosotros. En el Delta del Nilo eligió construir una de las docenas de ciudades que fundó con su nombre, Alejandría, y que se convertiría en la más famosa. Luego continuó su expedición, se adentró definitivamente en Asia, acercándose con mucha virulencia al corazón de Persia. Darío le envió un mensaje ofreciéndole un trato: «¿Te parece bien que nos dividamos el imperio a la mitad? Tú te quedas con lo que has conquistado hasta ahora y me dejas la otra mitad a mí».

—No es una mala oferta.

—La misma opinión tenía uno de los más grandes generales de Álex, el anciano Parmenión, que le dijo: «Si yo fuera Alejandro, aceptaría la propuesta». A lo que Álex respondió: «Yo también la aceptaría, si fuera Parmenión». Álex continuó avanzando y conquistando una a una todas las capitales del imperio (había muchas). Entró triunfante en Babilonia. La tercera y más grande batalla tuvo lugar en Gaugamela. Finalmente derrotó al ejército persa y se convirtió en el soberano del Imperio persa.

—¿Eso fue todo? ¿Tres batallas?

—Para conquistar el imperio, sí, pero no se conformó solo con eso. Debía encontrar y capturar a Darío, que había sido secuestrado por un grupo de rebeldes que querían pedir a cambio un rescate por él. Continuó hacia las provincias más alejadas del estado persa, donde, en Pakistán, se encontró con Poro, un rey de allí. Poro contaba con un enorme ejército y elefantes de guerra. En la batalla de Hidaspes, ¡también lo derrotó! Pero la valentía de Poro lo sorprendió, así que se hicieron amigos. Lo dejó como soberano y volvió a irse. Y aquí ya es donde empezó a perder la cabeza. Era joven, guapo, tenía éxito y era el Director Ejecutivo y Financiero, el CEO y CFO, de la empresa familiar que literalmente había conquistado el mundo. ¿Cómo no iba a volverse loco? De modo que comenzó a ver enemigos y conspiraciones por todas partes y por miedo empezó a matar a sus compañeros y amigos. Hasta que de repente cayó enfermo en Babilonia.

—¿De qué?

—No lo sabemos. Este tema da para mucho. Se ha discutido durante siglos.

—Recuerdo que tras su muerte su imperio se desmoronó... ¿No nombró ningún heredero?

—En sus delirantes últimas horas, justo antes de morir, le preguntaron a quién proponía como sucesor y balbuceó: «Al mejor».

—¡Vaya ayuda, Alejandro! ¡En Grecia todo el mundo se cree que es el mejor!

—Y así comenzaron los jalones de pelo, las tundas de palos y los asesinatos entre sus generales, hasta que pasaron unas décadas y se produjo el descarte que llevaría al desmembramiento final del vasto imperio en reinos más pequeños.

—Entonces, ¿merece finalmente Alejandro su fama?

—Mega-Álex es la figura de la Antigüedad que ha suscitado más interés. No hay ningún otro como él, esa exclusividad llamó la atención de las dos partes. Tanto de los que quisieron exagerar su grandeza y se empeñaron en idealizarlo —como si no se tratara de un ser humano con sus pasiones y debilidades—, como de los que se esforzaron en condenarlo como si fuera el mismísimo símbolo del mal, tachándolo de imperialista o de ser «el único que había llevado a cabo una guerra expansionista» en la antigua Grecia. Y, vaya, te digo yo que no soy fan en absoluto de Alejandro Magno por haber masacrado a tanta gente, pero piénsalo por un momento... ¿Fue Álex un asesino? ¿En contraposición a quién? ¿Crees que los que vinieron antes y después de Mega-Álex utilizaron el debate para resolver sus diferencias? Como si los demás políticos o generales de la historia griega —y de la mundial— hubieran sido unos *hippies* con guirnaldas de flores. ¿O acaso desafiaron y ganaron a sus oponentes escribiendo cartas y recogiendo firmas? No tiene ningún sentido comparar a Alejandro con Mahatma Gandhi. Además, incluso si despreciamos a Alejandro Magno y lo condenamos porque, ¡qué vergüenza!, no era ni el filósofo ni el soberano misericordioso que nos hubiera gustado que fuera... ¿acaso limpiaría eso nuestra historia?

—Pero ¿acaso no hay más conquistadores en nuestra historia?

—Pensemos por un momento en la Atenas democrática que torturaba a sus aliados y los intimidaba, como por ejemplo ocurrió en la isla de Melos. Cuando los melios le dijeron: «Por favor, no nos involucres en tu conflicto con Esparta, tan solo somos una pequeña isla y nos gustaría permanecer neutrales», Atenas consideró oportuno arrasar la isla entera, ejecutaron a todos los hombres y vendieron a las mujeres y a los niños como esclavos. ¿Acaso eso no fue una conquista y una masacre? Lo que intento plantear a través de esta pregunta es por qué necesariamente en la historia griega todo tiene que formar parte del díptico victimización-consagración. ¿Por qué tenemos que limpiar la historia? Si decidimos que Álex cargue con la mayor parte de culpa que podamos sentir porque nos estropea la idílica imagen que tenemos de la Grecia antigua, donde solo se hacía filosofía, ciencia y bellas artes, ¿no estamos entonces preservando involuntariamente una especie de nacionalismo invertido, subcutáneo? Alejandro Magno debe ser juzgado como gobernante en un mundo de gobernantes y, aun así, destaca por encima de los demás. O condenamos la historia mundial (y por supuesto la griega) en su conjunto como absolutamente violenta y sangrienta o aceptamos a Álex como figura muy influyente y relevante de un momento concreto de la historia. Tan solo una de las dos opciones es posible.

—Una pregunta más. ¿Civilizó a los bárbaros?

—¡No «civilizó» a nadie! Se encontró con pueblos que tenían una civilización propia desde hacía milenios, mucho antes de que se desarrollara la antigua Grecia. Se topó con las civilizaciones que inspiraron a la griega cuando esta aún estaba en ciernes. Sin embargo, fue inevitable que con su expedición militar, que, por cierto, iba acompañada de un séquito de científicos que estudiaban nuevos hechos, también se difundiera el lado bueno de la civilización griega: el deporte, el valor del individuo, la filosofía, la literatura, el teatro y las ciencias. Por tanto, fusionó culturas. Puso en contacto la cultura griega con otras y el resultado fue asombroso, porque eso es exactamente lo que debe suceder entre culturas: necesitan mezclarse para poder evolucionar. No pueden surgir en medio del más absoluto vacío, ni sobrevivir, ni mejorar. Al fin y al cabo, Álex, en su megalomanía, tuvo el sentido común de darse cuenta de que para que los pueblos coexistan hay que considerarlos a todos iguales. Por eso hizo que miles de griegos se casaran con mujeres de otros pueblos. Y por eso discutió con su maestro Aristóteles. Aristos no estaba de acuerdo con Álex en que los «bárbaros» fueran iguales a los griegos.

—¿Discutió Alejandro con Aristóteles?

—No solo discutió por eso, sino también porque Álex mató a su sobrino Calístenes, porque sospechaba que estaba conspirando contra él.

—¡Qué lástima! Cuando oyes estas cosas te destrozan el mito de Alejandro Magno.

—Pero los mitos son solo eso... mitos, no la realidad.

—Hablando de mitos... tengo una pregunta que no tiene nada que ver, pero a la que le estoy dando vueltas desde hace un rato. Así que ahí va: ¿la mitología es un poco caótica, o solo me lo parece a mí? Y si es así, ¿por qué es tan caótica?

DATO CURIOSO
¿POR QUÉ LA MITOLOGÍA ES TAN CAÓTICA?

—En efecto, la mitología es un enorme caos, y tiene sentido que así sea, porque lo que entendemos por mitología es en realidad el conjunto de relatos que revestían la antigua religión griega. Además, la religión griega antigua, y por lo tanto también la mitología, no se basaba en un texto sagrado en particular, ni en un único santo, ni siquiera en la inspiración de un hombre al que seguir en sus ideas. No había textos sagrados en la antigua Grecia.

—¿Y cómo sabían a quién adorar y cómo?

—La religión con todas sus características surgió y se difundió a través de la tradición oral y así se fue transmitiendo de generación en generación. Puesto que no existía ningún tipo de texto sagrado que determinara la religión, tampoco tenía por qué tenerlo la mitología.

—Entonces, cuando queremos saber algo sobre mitología ¿cuáles son nuestras fuentes?

—Principalmente Homero y Hesíodo, los primeros grandes poetas épicos de los siglos VIII y VII a. C. Más tarde vendrían muchos otros, incluyendo el teatro con los grandes autores trágicos, que se apoderaban de cualquier mito que les gustara y lo modelaban a su antojo con el fin de provocar emociones entre los espectadores. Al final de la Antigüedad llegó la novela, que también quiso satisfacer a su propio público. Si añadimos a la mezcla las tradiciones, las variantes locales y una pizca de fantasía, obtenemos una mezcolanza de mitos creados en su mayor parte por la imaginación desbordante de los artistas. Así que lo que hoy conocemos como mitología es en realidad una recopilación abigarrada de todas esas interpretaciones y variantes que se fueron moldeando y decorando con nuevos elementos, y cambiando continuamente una y otra vez. Hasta el momento no existe ninguna edición que haya sido capaz de dar cabida a todo ese universo de fantasía creado por la imaginación de tantas mentes distintas a lo largo de los siglos. Tal vez por eso este universo continúa cautivándonos hoy en día y quizá sea esta la razón por la cual ejerce una atracción inusitada sobre todos nosotros. No se trata de un texto concreto «inspirado por la divinidad» que haya sido entregado a la gente.

—¿Y cómo surgió?

—De la imaginación y de la creatividad de las mentes más artísticas de aquella época. No la inventaron los «sabios» sacerdotes, transformándola en algo inflexible y rígido como una piedra, sino que fue modelada por artistas rebosantes de inspiración, que la hicieron esponjosa y deliciosa como si se tratara de una masa fresca. Además, no hay que olvidar que para nosotros la mitología es una colección de hermosas historias, pero para los antiguos griegos formaba parte de su vida cotidiana. ¡Alejandro Magno creía que descendía de la estirpe de Heracles y que era hijo del mismísimo Zeus! Me dirás, ¡déjalo que se lo crea!, no pasa nada teniendo en cuenta que iba a morir tan joven, pero, en todo caso, sus sucesores también lo utilizaron con fines políticos. Por eso ansiaban ser como él.

—¡Ah, cuenta! ¿y qué pasó después de la muerte de Alejandro Magno?

—¡Se armó un problemón de aquellos! Verás...

11
VIAJE CON NOSOTROS

EL PERIODO HELENÍSTICO

—Alejandro murió. Y comenzó la carrera por la sucesión.

—¿Hubo algún diádoco oficial?*

—Sí y no. Había tenido un hijo con Barsine, llamado Heracles, que entonces ya era un adolescente, pero no era un hijo legítimo nacido de un matrimonio legal.

—¿Era un bastardo? ¿No tenía ningún hijo legítimo?

—Para empezar, no hay hijos bastardos, sino padres ilegítimos, pero esta es otra cuestión. Sí, se había casado de manera oficial con Roxana, una princesa de la lejana Bactria, de la que se decía que era la mujer más hermosa que Alejandro jamás había visto. Roxana estaba embarazada, pero aún no había dado a luz cuando Álex murió. Si nacía un varón, este sería su sucesor. También estaba Arrideo, un hermanastro que papá Filipo había tenido con una bailarina, pero Arrideo tenía una discapacidad intelectual. Sus generales, cual buitres carroñeros, no veían el momento de hacerse con el trozo más grande del imperio, si no con todo, así que decidieron fingir que todos apoyaban al hijo nonato de Alejandro. Poco después nació la criatura, que resultó ser un niño al que llamaron Alejandro IV. Pero

* Término empleado para designar a los generales de Alejandro Magno que tras su muerte se disputaron el poder (*N. de la t.*).

al mismo tiempo sus generales también apoyaban al hermano discapacitado de Álex, Arrideo, que también tenía derecho al trono, y al que cambiaron el nombre por el de Filipo III. Finalmente proclamaron reyes a ambos. Todos juraron protegerlos. Y así es como comenzó la masacre mundial. Durante décadas, los diádocos de Alejandro movilizaron ejércitos, cambiaron alianzas entre ellos como de camisa, se jalaron de los pelos, casaron a las hijas de unos con los hijos de los otros, se dieron una buena tunda de palos entre ellos y, sobre todo, masacraron ejércitos enteros en los campos de batalla en beneficio propio.

—¿Y entonces el imperio se fragmentó en pedazos? ¿En cuántos?

—Los más grandes eran cuatro. Uno de los reinos más importantes surgido de todo el desastre fue el de Ptolomeo, cuya sede estaba en Egipto, y que dio comienzo a la dinastía del mismo nombre. Otro reino importante fue el de Seleuco, que poseía la mayor parte de Asia y fundó la dinastía seléucida. Este último se esforzó más que nadie por preservar las ideas de Álex, pero también fracasó. El reino de Tracia no tenía un futuro tan estable como los otros dos, pero de pura chiripa se creó un pequeño reino en el noroeste de Asia Menor, el reino de Pérgamo. Al principio era muy pequeño, pero rápidamente fue ganando fuerza hasta que llegó a ser muy poderoso y notable, no solo en el ámbito militar, sino también en el de la cultura.

—¿Y en Macedonia? ¿Qué ocurrió con su reino?

—Allí, entre otras cosas, se hizo con el poder Casandro, que se había casado con Tesalónica, la hermanastra de Alejandro. Fundó Casandrea en su propio nombre, donde ahora se encuentra Potidea en la península de la Calcídica, y Tesalónica, llamada así por su esposa. Probablemente supuso que Casandrea se convertiría en la ciudad más poderosa de Macedonia, pero se equivocó.

—Disculpa, pero ¿qué pasó con los diádocos «oficiales»? ¿El hermano y el hijo de Alejandro?

—A Filipo Arrideo lo asesinaron casi al principio. De hecho, lo mató Olimpia, la madre de Alejandro Magno, para que su nieto, Alejandro IV, fuera el único heredero al trono. Roxana, la viuda de Alejandro Magno, había encontrado refugio junto a su suegra en Macedonia.

—¿Tanto poder tenía Olimpia?

—Era una mujer imponente y de una personalidad abrumadora. Casandro ordenó que la mataran a ella, a su nuera y a su nieto, pero los soldados que envió a matar a Olimpia huyeron inmediatamente, porque no pudieron hacerlo. ¡Causaba pavor! Hasta que a Casandro se le ocurrió darle a probar de su propia medicina y se la entregó a las madres y esposas de los hombres que había mandado asesinar. Después de matarla, arrojaron su cuerpo a los perros.

—¿Y al hijo de Alejandro también lo echaron a los perros?

—Casi seguro que no. Es muy probable que fuera enterrado con honores en un funeral público. Se cree que una de las tumbas reales del Gran Túmulo de Vergina pertenece al hijo de Alejandro Magno. Por eso la llamamos la «Tumba del príncipe».

—Pero aún quedaba otro, un «casi» heredero. Heracles, el otro hijo de Alejandro Magno, el que comentaste antes.

—Así es. Además, seguía vivo y ya era adolescente. En una crisis de conciencia Poliperconte, un general macedonio, pensó en apoyarlo para que tomara el trono de Macedonia. Pero Casandro lo convenció de que lo mejor para todos sería acabar para siempre con la familia real. Y de esta manera murió también Heracles.

—¿Y a este también lo echaron a los «perros»?

—Buena pregunta. No lo sabremos nunca. Pero recientemente salió a la luz un detalle que nos recuerda lo fascinante que puede llegar a ser la arqueología. En el 2008, durante unas excavaciones en el ágora de la antigua ciudad de Egas, la primera capital de Macedonia y donde tradicionalmente se enterraba a los reyes, se encontró escondida una tumba «real».

—¿A qué te refieres con eso de real y escondida?

—La tumba estaba cubierta de tierra y en su interior había un cuenco de metal. Contenía todos los elementos asociados a la aristocracia, incluso había una corona de oro con forma de hojas de roble en su interior. Las coronas de oro eran el ajuar funerario más frecuente de las tumbas aristocráticas de los macedonios, pero en concreto las coronas de hojas de roble, que son las que se asociaban a Zeus, están directamente ligadas a la familia real o, al menos, a alguien que ostentara un elevado rango social. Al año siguiente, en el 2009, se encontró otra tumba muy similar justo al lado. Los huesos de esta segunda tumba estaban tan dañados que no se ha podido averiguar ni la edad ni el sexo de la persona a la que pertenecieron. Sin embargo, los huesos de la primera de ellas se han atribuido a un varón adolescente. Es normal que nuestro pensamiento se dirija inmediatamente al joven Heracles y a su madre, Barsine, ambos asesinados. Quizá algunos macedonios monárquicos trataron de rendir homenaje en secreto al último descendiente de la gran casa real de Macedonia y lo enterraron como a un rey. Por supuesto debemos ser muy cautos a la hora de expresarnos y no afirmar que estamos ante la tumba de «fulano o mengano», sino que existe una gran probabilidad de que así sea.

—Así que en Macedonia se había armado un buen lío. Tenemos a los distintos reinos que estaban dividiendo el mundo. Y, mientras tanto, ¿qué estaba pasando en el resto de Grecia?

—Varias ciudades-Estado habían intentado recuperar su independencia, pero estas carambolas ya no surtían efecto, pues los enormes ejércitos de los diádocos dejaban poco margen de maniobra. Así que las ciudades que no cayeron en las garras de ninguno de los reinos de los diádocos formaron confederaciones para poder defenderse y atacar en caso necesario. Las dos principales fueron la Liga Aquea, en el Peloponeso, y la Liga Etolia, en la Grecia central.

—¿Y les funcionó el plan? ¿La unión hizo la fuerza?

—Tanto los etolios como los aqueos lograron convertirse en

potencias de peso en todo el territorio heleno. Así que acabaron por unirse al incesante devaneo de guerras y contiendas que dominaba el momento, además de cambiar de alianzas y de intereses como de camisa a lo largo de los años.

—Te voy a volver a preguntar algo, aunque ya lo haya hecho y me vayas a dar una respuesta similar. En medio de todo este disturbio que me estás contando, entre tanto desastre y tantas guerras, ¿surgió algún tipo de civilización que mereciera la pena?

—Claro que sí, amigo mío. Porque la guerra se sufrió sin pausa alguna durante toda la Antigüedad. Piensa que no las hemos mencionado todas, porque en realidad desconocemos cuántas hubo. No tenían fin. Lo mismo sucedía con las enfermedades, había una elevada tasa de mortalidad y una baja esperanza de vida. La vida no se valoraba tanto como ahora. La humanidad, que siempre se ha adaptado a las circunstancias y es inquieta por naturaleza, ha sabido salir de los momentos duros y ha sido capaz de hacer crecer su civilización y cultura.

—¿Y la civilización griega continuó tal y como la conocíamos en la época clásica?

—La situación cambió por completo durante el periodo helenístico, cuando el modo de vida griego se extendió por todo el mundo entonces conocido (por el hombre occidental), y las nuevas circunstancias trajeron otras formas de inspiración. Todo el mundo sabe cuál fue el mayor logro cultural del periodo helenístico. Lo hemos estudiado, y todavía hoy seguimos anhelándolo. Lo hemos envuelto en un halo mítico, como el gran milagro que contenía todos los secretos y el conocimiento del mundo antiguo (y probablemente fuera cierto). Me estoy refiriendo, por supuesto, al Museo de Alejandría.

—¿De Alejandría?, ¿la ciudad de Egipto?

—¡A esa misma! Una de las ciudades más importantes, si no la que más, del periodo helenístico. No hay más que pensar en su puerto, que era el más grande de todo el mundo antiguo, para comprender su magnitud y su grandeza.

—¿El más grande por el tráfico y el comercio que tenía?

—¡Y por el tamaño! Hierón II, tirano de Siracusa, una gran ciudad griega de Sicilia, en cierta ocasión quiso construir el barco más grande de su tiempo. Así que invirtió en él la madera necesaria como para construir sesenta barcos de los normales, y además mandó traer cuerda de Hispania y brea de la Galia, lo mejor de todas partes. Nombró a Arquímedes, el mayor genio de la época, ingeniero jefe. El barco constaba de veinte filas de remos y tres cubiertas. La cubierta inferior estaba destinada al transporte de carga y de sirvientes, había almacenes, establos, hornos, talleres de carpintería, molinos e incluso un acuario. La cubierta central albergaba los compartimentos oficiales con treinta habitaciones cuádruples, un gimnasio, jardines y un templo dedicado a Afrodita. Y la cubierta superior tenía máquinas de guerra, catapultas, ballestas... Así que era una especie de ciudad flotante, donde podías comer, vivir, entretenerte e incluso luchar. Lo llamaron *El Siracusia*.

—¿Y qué le pasó? ¿Se convirtió en un éxito rotundo?

—¡Más bien fue un rotundo fracaso! Porque era tan grande que no cabía en ningún puerto, excepto en el de Alejandría. Así que el pobre Hierón lo tuvo que enviar como regalo a Egipto, donde lo anclaron en el puerto y, al parecer, lo utilizaron como centro comercial flotante.

—Oye, ¡Alejandría suena muy, pero muy bien! ¿Y dijiste que había un museo? ¿Con exposiciones?

—No era un museo como los que tenemos hoy en día. El Museo de Alejandría era una especie de centro consagrado a la ciencia y al estudio, y lo llamaban así porque estaba dedicado a las Musas, que eran las nueve hijas de Zeus y Mnemósine, es decir, de la fuerza y de la memoria. Y, por supuesto, el museo necesitaba libros. ¿Y dónde pusieron los libros? Pues en la famosa Biblioteca de Alejandría.

—¿Cómo se les pasó por la cabeza construir una biblioteca semejante?

—Ptolomeo, el general y amigo de Mega-Álex, además de su compañero en la escuela de Aristóteles, fue el fundador de la dinastía que llevaba su mismo nombre. Era muy culto y amante de las letras y las artes, por lo que decidió llevar a cabo un proyecto único en la historia. Fundó el Museo, un lugar concebido para la reflexión y el estudio, e invitó a los pensadores más brillantes de la época a que acudieran allí. Les prometió lo inalcanzable y además cumplió su palabra. A los intelectuales que llegaban a Alejandría se les proporcionaba comida y alojamiento, un suculento salario, fondos extra para cualquier investigación que quisieran realizar, exención de impuestos... En resumen, ¡los trataban como dioses siempre y cuando se dedicaran a la investigación! Y, por supuesto, para que el esfuerzo diera sus mejores frutos, había que reunir todo el conocimiento existente hasta el momento. Y no solo recoger el producto de las investigaciones, sino ir más allá, ponerlo a prueba, corregirlo y constatarlo. En definitiva, había que consolidarlo y ampliarlo. La Biblioteca de Alejandría llegó a tener el mayor número de libros jamás reunidos en el mundo antiguo.

—¿Y de dónde sacaron tantos libros? Supongo que en aquella época, en la que aún no existía la imprenta, no habría muchos libros y las copias escasearían.

—En primer lugar, se confiscaron todos los libros que estaban en circulación. En segundo lugar, se puso en marcha todo un ejército de cazadores de manuscritos y libros que, con buena o mala intención, recopiló todo el material escrito habido y por haber que hubiera en el Mediterráneo. Por ejemplo, fueron hasta Atenas, donde se conservaban los manuscritos oficiales de las tragedias de los grandes poetas Esquilo, Sófocles y Eurípides. Y se los pidieron, pero a los atenienses no se les pasaba por la cabeza la remota idea de desprenderse de esos libros. Entonces, los alejandrinos se los pidieron prestados para llevárselos y copiarlos, diciéndoles que después se los devolverían y que mientras tanto les dejaban un depósito de quince talentos.

—¿Eso era mucho dinero?

—Era una cantidad enorme. Piensa que un talento era el salario que recibía la tripulación entera de una trirreme de guerra durante todo un mes. Los atenienses pensaron que, puesto que les dejaban una suma tan grande como garantía, seguro que se los iban a devolver. Los alejandrinos se los llevaron y los copiaron, pero les devolvieron a los atenienses las copias. Y les dio igual perder la fianza. Así de fuerte era el deseo de Alejandría por coleccionar libros.

—Debía de ser una biblioteca enorme e impresionante, ¿verdad que sí?

—Desgraciadamente no conocemos muchos detalles, ni siquiera sabemos qué aspecto tenía. Pero tendría poco que ver con las de hoy en día. Principalmente porque no había libros, sino rollos de papiro. Sabemos con certeza que todo —o casi todo— el conocimiento de la Antigüedad se reunía, se estudiaba, se registraba, se analizaba y se conservaba allí. Alejandría se convirtió *de facto* en el centro cultural del periodo helenístico. Pero no fue la única. Pérgamo, una pequeña ciudad situada en el noroeste de Asia Menor, acabaría convirtiéndose en la capital de uno de los reinos helenísticos más poderosos y ricos. Pérgamo envidiaba el esplendor de Alejandría, así que decidió construir también una biblioteca y convertirse en un potente centro cultural. De este modo comenzó la competencia entre ambas ciudades. Se dice que Egipto, en un intento de acabar con la competencia, decidió prohibir la exportación de papiro a Pérgamo.

—¿Y? ¿Acaso no había papiro en otro sitio?

—Pues no. El papiro era el soporte de escritura más utilizado entonces, y Egipto tenía el monopolio. Pero Pérgamo no se desanimó e impulsó el tratamiento del cuero, que ya se había utilizado de manera ocasional como soporte de escritura. Lo puso de moda, y a este nuevo material de escritura se lo llamó pergamino. Sin embargo, Pérgamo no se contentó con eso, sino que también se convirtió en pionera del arte, que se volvió mucho más recargado, pero muchísimo más. Tanto que a este estilo se le llamó Barroco helenístico, y en él abundan los grupos y los conjuntos escultóricos.

—¿Y cuál es la diferencia?

—Hablamos de grupos escultóricos cuando las estatuas están entrelazadas entre sí formando una mezcolanza, como por ejemplo el famoso complejo de Laocoonte, mientras que nos referimos a conjuntos escultóricos cuando intervienen distintas estatuas que están situadas una al lado de la otra, como en una pasarela; es el caso del conjunto de Daoco en Delfos.

—Entonces, ¿en estos años cambió mucho la escultura?

—La escultura fue más allá de sus límites, como se puede ver en el altar de Pérgamo, que contiene cientos de enormes estatuas de dioses y titanes luchando entre sí; también se aprecia en la Victoria de Samotracia, que parece que se está preparando para despegar mientras las ropas agitadas por el viento le acarician el cuerpo.

—¿Y qué pasó con la cerámica? ¿Se seguían fabricando vasos de figuras negras y rojas de Atenas?

—La producción de vasos de barro nunca se detuvo. Simplemente la cerámica de figuras negras y rojas, que tanta demanda había tenido en todo el Mediterráneo, pasó de moda y surgieron nuevas variedades.

—Así es, las modas cambian.

—Se pusieron de moda los vasos de un solo color, por ejemplo los rojos, pero sobre todo los negros y uniformes, con una decoración muy sutil semejante a un bordado. Este estilo recibe el nombre de cerámica de la ladera occidental.

—Pero ¿qué nombre es ese?

—Los vasos de este tipo se encontraron por primera vez en la ladera occidental de la Acrópolis. En este lado de la Acrópolis el rey de Pérgamo construyó una *stoa*, como regalo para Atenas.

—Y ¿por qué te vino esto ahora a la cabeza?

—Bueno, porque estábamos hablando de los reyes del periodo helenístico y salió en la conversación la Acrópolis.

—¿Y por qué le regaló una *stoa*?

—La *stoa* es una de las construcciones más destacadas de la antigua Grecia, y gozó de gran popularidad durante el periodo helenístico. Se construyeron *stoai* por todas partes. Se trata de un edificio magnífico que rebosa sencillez, que principalmente se compone de un pasillo cubierto, cerrado por un lado, donde habría locales destinados para mil y un usos diferentes, como almacenes, tiendas, archivos, un restaurante, y cualquier otra cosa que te puedas imaginar. El otro lado estaba abierto con columnas para ventilar e iluminar el espacio. El lado cerrado estaba orientado hacia el norte, para protegerlo de los vientos del norte en invierno, mientras que el lado abierto dejaba entrar el sol del invierno que está más bajo y calentaba el espacio, pero se mantenía fresco durante la época estival, ya que proporcionaba sombra al estar el sol más alto en verano.

—¿Y ahí dentro los filósofos pasaban el rato charlando?

—Sí, y no fueron los únicos. Allí los filósofos podían debatir en público. Durante el periodo helenístico la filosofía experimentó un gran crecimiento. Un buen grupo de filósofos pisoteó lo que habían dicho sus predecesores de la época clásica y algunos incluso fundaron sus propias corrientes filosóficas y escuelas. Surgieron los epicúreos y los estoicos, además de muchos otros.

—¡Vaya desastre!

—Todo este trasiego cultural no pasó desapercibido a una pequeña ciudad del centro de Italia que ya había comenzado a ganar poder y estaba a punto de cambiar el mundo entero. Roma por aquel entonces no ocupaba todavía un lugar destacado, sin embargo, comenzaba a estrechar lazos con el mundo griego y se quedó impresionada.

—Y ¿cómo pasó de ser una pequeña ciudad a conquistar el mundo?

—Roma, en su afán por controlar todo el Mediterráneo, tuvo que hacer frente a dos grandes adversarios: los cartagineses por el

oeste y los griegos por el este. Ambos la atacaron en su propio territorio. Del lado griego fue Pirro, rey del Épiro, legendario general y
primo de Alejandro Magno, quien se enfrentó a Roma.

—¿El Épiro era un reino poderoso?

—Mucho. Lo gobernaba la dinastía de los Molosos.

—¿Se llamaba así por los perros molosos?

—Al revés. Los perros se llamaban así porque son de raza epiró-
tica. Verás, en el Épiro había una dinastía muy poderosa. De hecho,
Olimpia, la esposa de Filipo II de Macedonia y madre de Alejandro
Magno, era la princesa de los molosos.

—O sea que Alejandro Magno era medio epirota.

—Sí, y los epirotas estaban muy orgullosos de ello. A decir verdad, Pirro se debatía entre la admiración y la envidia por su famoso
primo, por lo que decidió jugar también a ser conquistador. Fue a
Italia y, aunque constantemente ganaba una batalla tras otra, él mismo tuvo que sufrir pérdidas cuantiosas, lo cual dio origen a nuestra
expresión «victoria pírrica». Es decir, una victoria que se obtiene a
costa de grandes pérdidas.

—Pero era normal que si los romanos resultaban derrotados
¿también sufrieran pérdidas?

—Por supuesto que sí. Pero los romanos tenían algo que Pirro
no tenía: tropas de reserva. De modo que podían volver a formar un
nuevo ejército, mientras que Pirro estaba abocado a quedarse y luchar con tantas tropas como había llevado a la península itálica. Esa
misma razón fue la causante de que Cartago, el otro gran rival de
Roma, perdiera la guerra contra los romanos.

—Desembucha. ¿Qué era Cartago?

—Cartago era la mayor ciudad fenicia del Mediterráneo occidental. También muy antigua, era una colonia de fundación fenicia,
pero llegó a ser tan poderosa que pronto se independizó de las metrópolis de Fenicia y ella misma se convirtió en metrópolis y fundó
colonias por todo el Mediterráneo occidental. Rivalizaba constantemente con las colonias griegas de la zona y más tarde, por supuesto,

lo haría con Roma. Incluso la misma Roma estuvo a punto de arrodillarse ante Aníbal.

—¿Quién era Aníbal?

—Aníbal fue un legendario general cartaginés que llevó la guerra hasta las puertas de la mismísima Roma. Atravesó la actual España y el sur de Francia, cruzó los Alpes montado en elefantes de guerra y derrotó continuamente a los romanos en el campo de batalla.

—¿Cómo pudo hacerlo?

—¡Era un auténtico estratega! Jugó con las legiones romanas como un gato con un ratón. Pero, como ya dijimos, los romanos tenían algo que él no tenía: tropas de reserva.

—¿Roma resistió?

—Se mantuvo firme y además estaba furiosa. Había llegado el momento de contraatacar. Primero se ocupó de los cartagineses. Como había también griegos que vivían en el Mediterráneo occidental, y tampoco se entendían con los cartagineses, Roma utilizó a los griegos en contra de los cartagineses, y a los cartagineses en contra de los griegos. Y le salió bien la jugada. En el Mediterráneo oriental, donde no había cartagineses, utilizó a los griegos contra los griegos. Y volvió a salir airosa.

—A ver... Cartago no era más que una ciudad, mientras que los reinos y estados helenísticos eran muchos, ¿no es así? ¿Cómo no le resultaba más difícil tener que enfrentarse a todos los griegos?

—¡Es que no se enfrentó a todos a la vez! Primero se enfrentó a Macedonia. Con mucho esfuerzo, y con la ayuda de los griegos del sur, derrotó a Perseo, el último rey de Macedonia, en el año 168 a. C. en la batalla de Pidna. Perseo derrotado fue llevado a rastras a Roma.

—¿Qué pasó con el resto de Grecia?

—Los romanos la conquistarían definitivamente veinte años más tarde. La destrucción total de Corinto se produjo en el año 148 a. C. Por supuesto, tampoco las demás ciudades se salvaron. El general romano Sila asaltó sin piedad la Atenas sitiada. Cuando la delegación ateniense fue a reunirse con él, intentó disuadirlo recurriendo al factor emocional, apelando a la grandeza del pasado de Atenas y a la gran civilización que había creado. Este tipo de retórica basada en la indulgencia había conmovido a otros gobernantes en el pasado por su admiración hacia la civilización griega, pero no funcionó con Sila, que simplemente les dijo: «¿Y a mí qué me importa que hayan sido la cuna del saber? No vine aquí a aprender. Vine a someter a los rebeldes». Y Atenas quedó devastada. Miles de obras de arte partieron hacia Italia como botín. Y, sin duda, su destrucción se convirtió en toda una lección para las demás ciudades-Estado griegas.

—Pero se salvaron otras zonas de Grecia.

—Las fueron conquistando todas de una forma u otra. Al otro lado, en la costa de Asia Menor, estaba situada Pérgamo, un rico y poderoso reino helenístico que Roma recibió en herencia.

—¿Cómo en herencia? ¿A qué te refieres? ¿Por parte de quién? ¿Cómo? ¿Acaso escribió el rey en su testamento «regalo mi reino a Roma»? —Sonó tan absurdo lo que acababa de decir que se echó a reír.

—No te rías porque justo eso es lo que pasó. —Dejó de reír y abrió los ojos como platos.

—El último rey de Pérgamo legó literalmente a Roma su reino. Lo escribió en su testamento. El pueblo de Pérgamo intentó reaccionar en contra, pero todo intento fue en vano, ya que Roma reclamaba lo que le habían legado. Más tarde Roma conquistó el Imperio seléucida y algunos focos dispersos de resistencia que aún faltaban por conquistar, así que ya solo le quedaba el último reino helenístico de la historia: el Egipto ptolemaico, que se lo estaba poniendo más que difícil. La última reina en subir al trono fue la famosísima Cleopatra. Julio César fue a conocerla en persona. Y se enamoró de ella. Pero César se convirtió en dictador y acabó siendo asesinado.

—¿Dictador? Querrás decir emperador.

—Mucha gente se confunde. Julio César nunca llegó a ser emperador de Roma. Tras su muerte se instauró el Imperio romano como nueva forma de gobierno. Hasta entonces, Roma había tenido un sistema oligárquico, la *Res publica*. *Res* en latín significa «cosa» o «asunto» y *publica* se refiere a algo que es público, es decir, de todos. Así que vendría a ser algo así como la cosa o el asunto público.

—¿De aquí viene la palabra república?

—E incluso hoy en día en Estados Unidos entre partidos políticos esta palabra tiene un cariz más conservador, en contraposición a la palabra demócrata.

—¿Y hasta cuándo hubo una república en Roma?

—Hasta poco después de la muerte de César. Pero antes de la fundación del imperio, después de la muerte de César, acudió a Alejandría otro general romano, Marco Antonio, que también se enamoró de Cleopatra.

—¿Debía de tener muchos encantos, no?

—Seguramente. Ya en la Antigüedad tenía fama de ser una *femme fatale*. ¡No gozaba de buena reputación! Antonio tenía un enemigo, Octavio, quien no desaprovechó la oportunidad para ganarse el apoyo del pueblo. También la sociedad conservadora de Roma se decantó por Octavio. Antonio se fue y quedó totalmente rendido ante Cleopatra. ¡Como si no conociéramos a esas... extranjeras! Estalló una guerra civil, que en realidad era una guerra de Roma contra Egipto, ya que Antonio luchaba junto a Cleopatra. O viceversa. La flota de Octavio se enfrentó a las fuerzas de Antonio y Cleopatra en el mar Jónico, frente a Accio, cerca de la actual Préveza. Octavio obtuvo una victoria aplastante. Antonio y Cleopatra se suicidaron. Roma acababa de convertirse en la dueña de todo el Mediterráneo. Octavio lo cambió todo, incluso su nombre por el de César Augusto, convirtiéndose, así, en el primer emperador romano.

—¿Y así comienza el Imperio romano? ¿El imperio de la intriga, de los banquetes degenerados y las conspiraciones? —Sonrió con desdén.

—Me parece que no eres consciente del legado romano, ¿no?

—¿No fue una etapa oscura de la historia?

—Oscura, amigo mío, fue toda la Antigüedad. Verás...

DATO CURIOSO
¿TIENE UN LADO OSCURO LA ANTIGÜEDAD?

—Solemos imaginarnos la Antigüedad clásica como algo digno de admiración. Y, sin duda, lo era. Sin embargo, no solo tenía un lado espléndido. Si quieres conocer la Antigüedad, también tienes que conocer su lado oscuro.

—¿Pero no la estás desprestigiando al hacerlo?

—En absoluto. Todo tiene un lado oscuro que ni puede ni debe empañar las razones por las que admiramos el magnífico pasado clásico, pero tampoco debemos ignorarlo. Del mismo modo, si de verdad quieres conocer el pasado, es imprescindible que también aceptes sus aspectos más oscuros, que los comprendas, y que te alegres de que la humanidad haya mejorado en muchos aspectos. En definitiva, se trata de que nos quedemos con la esencia del conocimiento, de esa combinación de luz y oscuridad.

—¿Qué había de oscuro en la Antigüedad griega? Ponme algún ejemplo concreto.

—Por ejemplo, en la Antigüedad no existía el respeto por la fragilidad humana. La discapacidad, ya fuera congénita o adquirida, suponía una condena. Como hemos comentado antes, en el caso de Friné, la belleza natural significaba que le gustabas a los dioses, mientras que en caso contrario...

—¡Te despreciaban!

—Ni siquiera se contemplaba el apoyo a la discapacidad como medio para mejorar la vida de una persona. Muchos niños nacidos con algún problema probablemente murieron desamparados, abandonados a la intemperie.

—¿Te refieres a Esparta? ¿Y a lo del Céadas?*

---

* Barranco situado en el monte Taigeto, donde en la Antigüedad los espartanos abandonaban o arrojaban a los niños que no se consideraban lo suficientemente fuertes (*N. de la t.*).

—Esparta no fue una excepción. Fue una práctica bastante común en toda Grecia. Los niños que nacían con algún problema, considerados por algunos como enclenques o que simplemente no eran deseados, frecuentemente eran abandonados en la montaña para que se los comieran los animales salvajes. ¿Sabes por qué Edipo de Tebas se llamaba así?* Porque su padre le hizo dos agujeros en los pies por los que le pasó una cuerda para colgarlo de un árbol y que muriera. Y la hinchazón, el edema que le provocó en los pies ese acto brutal acabaría por caracterizarlo. Seguramente la mayoría de esos bebés expósitos y abandonados a la muerte no eran niños, sino niñas. La mujer en según qué periodos de la historia y lugares ha carecido de derechos. Pero tampoco es cierto que siempre y en todas partes se la haya considerado inferior. Sin embargo, en la época clásica griega y en la mayor parte del mundo antiguo, las mujeres, es decir, el 50 % de la población, se vieron privadas de los derechos humanos básicos que hoy en día, afortunadamente, damos por sentados en nuestra sociedad y detrás de los que ha habido una ardua lucha para conseguirlos.

—Pero también había diosas, no solo tenían dioses. En los mitos, las mujeres no aparecen en una situación tan inferior con respecto a los hombres.

—¿Estás seguro? De acuerdo, admito que entre las deidades quizá hubiera cierta igualdad, pero ¿también cuando aparecen humanos en los mitos? Veamos mejor este punto. Pensemos en la imagen que se nos da del género femenino en la mayoría de los mitos, inventados sobre todo por hombres. Medea, princesa e hija de Eetes, rey de la lejana Cólquide, decidió huir con Jasón, que se había plantado allí sin previa invitación con una nave llena de argonautas y que, además, robó el vellocino de oro. Y sirve que el padre de Medea, Eetes, era un mal hombre y un pésimo gobernante, y que, además, también tenía un montón de antecedentes penales, incluso

---

* El nombre de Edipo significa «el de pies hinchados» (*N. de la t.*).

se pueden encontrar, aunque sean totalmente absurdos, motivos para justificar su castigo, pero Medea no lo castigó directamente a él, sino que se llevó consigo a Apsirto, su hermano pequeño, y mientras Eetes los estaba persiguiendo con sus barcos, ¡Medea descuartizó el cuerpo del niño y lo tiró al mar! Eetes se detuvo a recoger las partes del cuerpo de su hijo, por lo que se quedó rezagado y, de esta manera, le ganaron ventaja y consiguieron escapar. Pero su relación con Jasón no funcionó y, para vengarse de él, mató a los hijos que había tenido con él y desapareció. La naturaleza femenina aparece representada con una crueldad y un salvajismo inusitados, mientras que el hombre se muestra como una víctima intachable.

—Bueno, pero este mito no es más que un ejemplo aislado.

—No, no lo es. Un final parecido tiene el mito de las hermanas Procne y Filomela. Tereo, el rey de Tracia, estaba casado con Procne y tenían un hijo llamado Itis. Un día, el rey violó a Filomela, hermana de Procne. En venganza, las dos hermanas mataron al pequeño Itis y después se dieron a la fuga. Una situación similar se da en el mito de Aedón y Quelidón, solo que con nombres más feos.

—¡Otra vez mujeres vengativas!

—¿Te diste cuenta de que, en todos estos mitos, la mujer en su papel de madre carece de sentimientos? El mito androcéntrico enfatiza el castigo que sufre el padre a través de la pérdida de su heredero. La naturaleza maternal o, aún más en general, la femenina, se presenta como sanguinaria y vacía de emociones. En la mitología, hubo una madre que se atrevió a rechazar el sacrificio de su hija y se opuso a ese padre asesino. Se trata de Clitemnestra, que nunca estuvo de acuerdo con la decisión de Agamenón de sacrificar a su hija Ifigenia para que se pudiera dar comienzo a la guerra de Troya. Pero más tarde también ella misma sería despreciada por ser una mala esposa, pues había tenido un amante mientras su marido estaba lejos de su hogar, luchando durante una década en la guerra y participando en los saqueos. Como puedes observar, ninguna de las figuras mitológicas mencionadas refleja la feminidad de una forma saludable. Tampoco es cierto que todas las mujeres aparezcan en los mitos retratadas como unas paranoicas infanticidas, pero es interesante ver cómo algunos mitos perpetuaron pensamientos perjudiciales procedentes de una mentalidad patriarcal.

—Sí, de acuerdo, lo entiendo. Nunca me había parado a pensarlo de esta manera, pero aparte del tratamiento de la figura de la mujer, ¿qué otros aspectos quedaban en la oscuridad?

—Pues las mujeres no fueron las únicas a las que se las trató de manera injusta en la Antigüedad. Si tú también hubieras nacido siendo esclavo, probablemente tu vida habría sido muy dura. Por supuesto, todo esto es subjetivo. Una cosa sería ser el esclavo doméstico de un ciudadano rico que lo integraba en su entorno familiar, y otra muy distinta ser esclavo en la mina donde probablemente cuando alguien moría debido a las condiciones extremas no hacía más que molestar a los que mandaban porque tenían que deshacerse del cadáver. En el primer caso, seguramente el esclavo tendría más suerte que cualquier ciudadano libre pero pobre. Además, a menudo este podía comprar su libertad o recibirla como regalo por parte de su amo.

—¿Y se era esclavo para toda la vida? ¿No podías librarte?

—No pocas veces los amos, cuando alcanzaban la vejez y habían tenido un esclavo durante toda su vida, firmaban una especie de contrato, que publicaban en los templos de los dioses (como si hoy se hiciera un acta notarial), en los que se establecía que, una vez llegado el momento de su muerte, ese esclavo o esclava en concreto obtendría su libertad y nadie podría arrebatársela. A veces también se les pagaba un sueldo, con el que a menudo podían pagar su libertad. Incluso en algunos casos no muy frecuentes el vínculo entre amo y esclavo podía llegar a ser muy estrecho. Es el caso de la esclava Escra.* ¡Vaya nombre!, ¿eh? No debía de ser su verdadero

* *Escra* significa «vulgar, común», en alusión a su condición de persona normal y corriente (*N. de la t.*).

nombre, sino un apodo. Era una esclava de Frigia. Escra seguramente sería el nuevo nombre que se le dio, que vendría a ser algo
así como persona normal y corriente. Bien, Escra era la que ama-
mantaba a un pequeño mocoso llamado Mico, y del que al parecer
también era su niñera. Cuando Mico creció y la sierva envejeció, el
joven la cuidó. Y cuando murió, le erigió un monumento que decía: «Mico cuidó de Escra de Frigia durante toda su vida. Que este
monumento quede para que lo vean las generaciones venideras. La
anciana mujer recibió lo que le correspondía a cambio de la leche
que le había ofrecido de su pecho».

—¡Para, me estoy emocionando...!

—Y voy a terminar con una pregunta retórica: ¿quién crees que
tenía un mejor nivel de vida? ¿El esclavo doméstico y de confianza
del séquito del emperador romano o el trabajador libre que vivía en
un tugurio con su numerosa familia en pésimas condiciones?

—¿Estás sugiriendo que era preferible ser esclavo?

—¡Por nada del mundo! La esclavitud era una práctica muy
trágica, la privación de la libertad de una persona hoy en día nos
resulta incomprensible, la propia libertad es una parte inherente
de nuestra existencia. También ha habido luchas en todo el mundo
para abolir la esclavitud. Ahora bien, tenemos que señalar que a
veces ser un hombre libre ante la ley no es suficiente para garanti-
zar una buena calidad de vida. Además, cuando Roma ya se había
convertido en la dueña del mundo, muchos griegos que destacaron
allí eran esclavos de romanos ricos. Sin embargo, los romanos los
tomaban como maestros para sus hijos, porque toda familia romana que se preciara debía hablar griego y conocer la cultura griega.

—¿Por qué?

—Porque probablemente Grecia y Roma formaron el matrimonio cultural más extraño y peculiar de toda la historia mundial.

—Me dejas asombrado.

—Normal que lo estés, porque es realmente sorprendente. Verás...

12

TE ESTOY AMANDO LOCAMENTE

LA ÉPOCA ROMANA

—Hemos llegado a la época en la que Roma se convirtió en la dueña de todo el Mediterráneo y más allá. El Imperio romano se extendió desde las pantanosas y sombrías praderas de Gran Bretaña hasta las abrasadoras y escarpadas dunas del norte de África y Arabia. El mundo helénico quedó relegado a unas pocas provincias situadas en la zona central del vasto imperio. Céntricas y tranquilas. Grecia mantenía una buena relación con Roma y Roma la tenía en gran estima. La relación entre Grecia y Roma ha sido analizada por numerosos historiadores y hasta el día de hoy continúa siendo única en la historia mundial.

—¿Qué tenía de especial?

—Parecidos, pero diferentes en muchos aspectos a la vez, los dos pueblos enzarzados en guerras durante años, finalmente habían llegado a entenderse entre sí. Podría decirse que se enamoraron apasionadamente la una de la otra. Desde que entraron en contacto por primera vez los griegos admiraron la disciplina, el ingenio y la determinación de Roma, mientras que los romanos quedaron impresionados por el espíritu y el arte griegos. Tan prendados se quedaron los romanos de la civilización y la cultura griega, que valiéndose de los relatos de Homero y de la guerra de Troya intentaron convencerse a sí mismos y a todos los demás de que procedían de ella. ¡Los romanos llegaron a creer de sí mismos que descendían de Venus!

—¿Cómo es eso?

—Cuenta la leyenda que una vez la diosa Afrodita se enamoró del troyano Anquises, con quien tuvo un hijo, Eneas, quien más tarde resultaría ser uno de los guerreros troyanos en la guerra de Troya. Cuando cayó la ciudad a manos de los griegos, se echó a los hombros a su anciano padre, tomó de la mano a Ascanio, su único y querido hijo, y logró subir a un barco y escapar de la matanza. Eneas anduvo errante durante mucho tiempo (igual que hiciera Odiseo), hasta que finalmente llegó al centro de Italia, donde sus descendientes, Rómulo y Remo, fundarían más tarde Roma. Por eso los romanos pensaban que eran descendientes de Afrodita. De esta manera, Roma logró construir el relato de su propio héroe épico.

—¿Esta historia nos la cuenta Homero?

—No. La conocemos gracias al poeta Virgilio, que vivió en la época de esplendor literario del Imperio romano. Virgilio, en su deseo de imitar a Homero, escribió la *Eneida*, el famoso poema épico relacionado con la *Odisea* y la *Ilíada*.

—¿Tanto ansiaban los romanos copiar y parecerse a los griegos?

—Mucho, porque los admiraban. Como descendientes directos de Afrodita y tataranietos de los héroes homéricos, los romanos reclamaban su parte en la herencia griega. Por eso se les permitió participar en los Juegos Panhelénicos, como si fueran una especie de primos lejanos, a pesar de que su parentesco fuera por afinidad. Además, hablaban griego con fluidez y les encantaba viajar por Grecia y admirar sus ciudades antiguas, hasta tal punto que la *grecomanía* de los romanos se convirtió en una auténtica locura. Y, por supuesto, era inevitable que los romanos sucumbieran ante el arte griego.

—Quieres decir que hacían obras de arte al estilo griego.

—Y no solo eso, también querían quedarse con los originales. El tráfico de barcos que navegaban transportando obras de arte griegas desde los puertos griegos hasta Roma no tenía fin. Algunos no arribaron nunca; probablemente uno de esos barcos fuera el archiconocido naufragio de Anticitera, en el que se encontró el famoso mecanismo de Anticitera.

—¿De qué mecanismo hablas?

—Se trata de un mecanismo muy complejo que servía para calcular y medir los movimientos de los cuerpos celestes. Se conserva gracias al naufragio que sufrió el barco con todo el pasaje a bordo cuando se dirigía hacia Roma. Una tempestad sorprendió a la embarcación, el mar encrespado la hizo inclinarse, hasta que finalmente se hundió. Siglos después salieron a la luz las increíbles estatuas que transportaba. La mayoría de ellas, las que no quedaron enterradas durante siglos en la arena del fondo del mar, fueron engullidas por el mar y sus curiosos habitantes. Por norma general se podría decir que a mayor profundidad mejor se conservan los objetos, porque cuanto más cerca de la superficie está el barco, más turbulento es el mar.

—De acuerdo, los romanos se enamoraron y obtuvieron beneficio de esta relación, pero ¿ofrecieron algo a cambio?

—Claro que sí. Desde el principio los romanos trajeron algo que el mundo griego había sido incapaz de conseguir por sí solo: la paz. La Pax Romana es proverbial. También mejoraron la red vial. Los antiguos griegos, en el mejor de los casos, tenían caminos de tierra. La mayor parte de la red vial no era más que unos surcos trazados en la tierra o en la piedra por los que circulaban las ruedas de los carros.

—¿Y cómo sabían la anchura a la que tenían que colocar los surcos?

—Simplemente diseñaban sus carros tomando como referencia la anchura de los surcos. Pero los romanos descubrieron los caminos pavimentados. ¿Qué digo caminos? ¡Maravilla de caminos!

Auténticas avenidas que atravesaban altas montañas, llanuras pantanosas, ríos y valles, y te llevaban de un extremo a otro del imperio. Ah, ¡y todos los caminos conducían a Roma! Además, proporcionaban seguridad en los desplazamientos.

—¿Acaso antes no la había?

—En la Antigüedad griega no existía ningún tipo de autoridad estatal que controlara los caminos. Las ciudades-Estado solo se preocupaban de lo que ocurría en su territorio, de modo que cuando te ibas de viaje quedabas expuesto a la naturaleza salvaje, a los ladrones o a los granujas. Sin duda, otro motivo por el que nuestros antepasados viajaron tanto en barco durante toda la Antigüedad. Era más rápido y un poco... solo un poco más seguro.

—¿Y por qué solo un poco?

—Porque, como ya hemos comentado, los antiguos eran supersticiosos. Además, entonces no había barcos de línea regulares, sino que eran de pesca, de guerra o mercantes. De estos tres tipos solo el último de ellos se podía destinar al transporte de pasajeros. Así que había que bajar al puerto y esperar a que zarpara un barco hacia el destino que a uno le interesara. Había que pagar el pasaje, pero si alguien estornudaba en el momento del embarque, traía mala suerte, así que el barco no salía. Que un pájaro negro se posaba en el aparejo, ¡infortunio asegurado! No se zarpaba. Si un pasajero había tenido una pesadilla la noche anterior, ¡mala suerte también! ¡No se va a ninguna parte! Si el sacrificio no salía bien, tampoco se zarpaba. Y en el caso de que todo fuera favorable, entonces tenía que soplar el viento adecuado. Por si fuera poco, también estaban los piratas, aunque bajo el Imperio romano se vieron bastante reducidos.

—Así que los romanos hicieron cosas buenas.

—Por supuesto. También realizaron un tipo de arquitectura más utilitaria. Construyeron acueductos, edificios de varios pisos, baños públicos, cuartos de aseo públicos, sistemas de alcantarillado, de modo que lograron mejorar considerablemente el nivel de vida. Cambiaron muchas cosas. Al igual que los griegos habían hecho siglos antes al inspirarse en los pueblos orientales, los romanos se inspiraron en los griegos y crearon algo propio, nuevo y suyo. La principal diferencia entre griegos y romanos es la escala. Mientras que los griegos tenían unos cuantos baños, los romanos llegaron a construir decenas de baños en Roma. Los baños griegos siempre fueron pequeños y utilitarios. Los habitantes de Roma durante la época imperial tenían que elegir entre enormes complejos de baños, llenos de estatuas y obras de arte, zonas de ocio e incluso bibliotecas especiales para el disfrute espiritual de los bañistas.

—Ya, pero los romanos realizaron sus construcciones basándose en la arquitectura griega.

—Sí, la arquitectura es muy parecida, pero, a diferencia de los griegos, que preferían los estilos dórico y jónico, los romanos preferían el estilo corintio. Así pues, cuando vemos tanto en Grecia como en el resto del Mediterráneo capiteles corintios, a menudo estamos ante construcciones realizadas durante la época romana. Un ejemplo de ello son las columnas del templo de Zeus Olímpico, en Atenas. También son propias del estilo romano las murallas antiguas en las que se aprecian ladrillos rojos finos; podemos ver ejemplos de este tipo en Tesalónica, en Nicópolis de Préveza y en muchos otros sitios.

—¿Entonces Tesalónica y Nicópolis son ciudades de época romana?

—Tesalónica ya existía, pero Nicópolis la fundaron los romanos. Sin embargo, ambas conservan numerosos restos pertenecientes a la época romana. Decimos que son ciudades romanas para no complicarnos, pero puede que simplemente fueran construidas por griegos durante la época romana, como es el caso del Odeón, que está situado bajo la Acrópolis. Por la época en la que se construyó podríamos decir que es romano; sin embargo, lo mandó erigir un ateniense extremadamente rico llamado Herodes Ático.

—¡Muy espléndido este Herodes!

—¡Qué va! Lo construyó como cortina de humo para tener distraídos a los atenienses, porque tenía las manos manchadas de sangre por la muerte de su esposa, Regila, que además estaba embarazada.

—¿La mató él?

—Ordenó a su esclavo que le diera una patada en el abdomen. Ella y el niño murieron. La familia de su mujer, que nunca había visto con buenos ojos ese matrimonio, lo llevó a juicio, pero Herodes, que era amigo del emperador, salió airoso del juicio y para aplacar el resentimiento del pueblo mandó edificar el Odeón en memoria de su esposa. Así hacía el papel de viudo desconsolado. Bueno, para no ser del todo injusto, hay que decir que era un verdadero mecenas de las artes. Además, en aquella época el arte también vendía.

—Comentaste que a menudo se copiaban del arte griego.

—En el terreno del arte puede que imitaran y que veneraran las obras creadas por los griegos, pero también nos legaron algo que resultó ser toda una vanguardia: el retrato. Mientras que los griegos preferían realizar una representación idealista del hombre, los romanos se inclinaban por el realismo. Por más que un senador tuviera más arrugas que una pasa o que una patricia fuera un auténtico adefesio, querían verse reflejados en su escultura tal y como eran. «Soy yo el que paga, y no quiero ver a ningún otro que no sea yo, solo quiero aparecer yo, ¿queda claro?»

—¿Y cómo llevaban los griegos esa extraña convivencia?

—Por lo que parece la aceptaron bien. Piensa que durante los siglos en los que el mundo heleno estuvo bajo la ocupación romana no hubo ni revoluciones ni intentos de autodeterminación, ¿no te resulta sorprendente? El mundo griego se encontraba tan a gusto en esa ecúmene romana, que ni siquiera intentó cambiar la situación en la que vivía. Además, había paz y prosperidad económica, el arte y el estilo de vida griegos fueron aceptados, y el griego se convirtió en una lengua internacional. Al menos en toda la parte oriental del imperio. De hecho, esto último se nota en el auge que experimentaron las letras y las humanidades, que ahora también cultivaban personas procedentes de otras partes del mundo.

—Ponme un ejemplo.

—Luciano de Samósata. Era un sirio que empezó a trabajar como aprendiz de escultor, pero como era torpe y no servía, su tío, que era el dueño del taller, lo echó a patadas. De esta manera acabó en el mundo de las letras, aprendió griego mejor que su lengua materna, estudió y encontró su propio *ikigai*. Su imaginación era desbordante.

—Quieres decir que lo fue para aquella época, ¿no?

—Y para la nuestra también. Escribió la *Historia verdadera,* en la que arremetía brutalmente contra todos los relatos fantásticos y sin fundamento de escritores contemporáneos y antiguos que versaban sobre tierras y pueblos imaginarios y extraños. Se considera la primera novela escrita de ciencia ficción. El protagonista del libro, después de viajar por toda la Tierra, se va a la Luna, donde descubre que el rey de allí es un terrícola al que los extraterrestres habían secuestrado. Cuenta que los selenitas habían fundado una colonia en el planeta Venus, pero el rey del Sol los había atacado, lo que había originado una guerra en la que los ejércitos enfrentados habían luchado sobre lomos de escarabajos gigantes, abejorros y otros insectos.

—¡Estás bromeando! ¿Cómo es que aún no han hecho una película con este argumento?

—Pues esto no es nada. En su obra *Pleito entre consonantes*, la letra Sigma acusa a la Tau ante un tribunal por haberle robado palabras que antes le pertenecían.* Como jueces aparecen las vocales.

---

* El griego helenístico o koiné tuvo como base el dialecto griego ático; sin embargo, el grupo -*tt*-, propio de este dialecto, fue progresivamente reemplazado

—¿Cómo que le robó palabras?

—¿Nunca has oído lo de «*Thalatta, thalatta*»? Hubo un momento en el que la doble tau se empleaba por encima de la doble sigma.* Nuestro Luci tiene muchas más cosas geniales. En los *Diálogos de las cortesanas* describe divertidas escenas de la vida de las heteras de la Antigüedad, y en el *Diálogo de los dioses* presenta una asamblea general de los doce dioses, que están nerviosos porque con la apertura del mundo griego han llegado otros dioses extranjeros que pueden quitarles sus puestos de trabajo. Temen que les quiten el néctar y la ambrosía. Acusan a Dioniso por llevar a su lado siempre a Pan, que tiene forma de cabra y no es ni guapo ni chic como los demás. Acusan a Apolo por estar pluriempleado como dios de la música, de la medicina y de la adivinación.

—¡Vaya, tienen razón!

—Y, por último, forman una comisión de investigación de siete miembros para comprobar la legitimidad de todos los dioses.

—¡Vaya con Luci! ¡Qué tipo! ¿Por qué nunca nos hablaron de él en la escuela?

—¡Bueno, ya te estás enterando ahora!

—Ahora no es lo mismo.

—¿Y por qué no? ¿Qué es el conocimiento más que adquirir y recabar información? No importa en qué contexto lo recibimos, sino que lo que verdaderamente importa es su adquisición y cómo lo utilizamos.

---

por el grupo -*ss*-, propio del dialecto jónico. Por ejemplo, gr. clás. *Glótta,* «lengua» > koiné y gr. moderno *glóssa,* «lengua» (*N. de la t.*).

* «¡El mar, el mar!» fue el grito de júbilo proferido por los Diez Mil mercenarios griegos al divisar el mar, los cuales, tras sufrir durante casi todo un año en las profundidades de Asia Menor, vieron próximo el día del regreso a su patria (cfr. Jenofonte, *Anábasis,* L. IV, 7). La forma *thálatta* empleada por Jenofonte, siglos V-IV a. C., es propia del dialecto ático, siendo posteriormente desplazada por *thálassa,* propia del dialecto jónico, la koiné y actualmente empleada en griego moderno (*N. de la t.*).

—Tienes razón. En fin, no te enojes. Pero si la época romana fue tan próspera, ¿por qué cayó el Imperio romano?

—Al igual que es complicada la cuestión sobre la caída de las civilizaciones en la prehistoria, también lo es el caso del Imperio romano. Sin duda, las invasiones de pueblos procedentes del centro y del norte de Europa desempeñaron un papel importante. Además, el Imperio tenía que enfrentarse a muchos otros problemas. Se vio obligado a volver a un sistema de tipo militarista. En un momento determinado, un emperador, Diocleciano, decidió dividirlo en cuatro y formar una tetrarquía. Tesalónica llegó incluso a ser la capital de una parte del Imperio romano durante un tiempo, y fue gobernada por Galerio. Y fue en ese momento cuando se produjo un cambio drástico, la aparición de una nueva religión muy diferente a las demás.

—¿El cristianismo?

—¡Exactamente! Poco a poco la nueva religión comenzó a extenderse. El viejo mundo ya había comenzado a resquebrajarse. La antigua religión tenía un punto de crueldad, mientras que la nueva fe prometía algo impensable hasta entonces, algo absolutamente rompedor para el mundo antiguo: la igualdad absoluta para todos, hombres, mujeres, blancos, negros, libres y esclavos. No era la primera vez que se oía algo semejante. Ya había existido algo parecido en las religiones antiguas, pero a pequeña escala o en los ritos mistéricos, como en los misterios de Eleusis, ¡pero solo estaba reservado a los iniciados y a los que podían llegar hasta Eleusis!

—¿Por qué el cristianismo consiguió extenderse tanto en este preciso momento?

—Quizá porque la nueva religión no esperaba que fueras a ella, sino que ella venía a ti. Además, su filosofía estaba dirigida a todo el mundo: desde el más rico al más pobre. Quizá también porque se habían puesto por escrito unos textos específicos que definían la doctrina de la nueva religión. El mundo antiguo no estaba acostumbrado a recurrir a textos sagrados. Y esta nueva religión monoteísta se extendió por todo el imperio. A pesar de que en los primeros siglos había arrancado entre desacuerdos internos y escisiones que dieron lugar a numerosas doctrinas y movimientos heréticos, finalmente logró imponerse. Coincidió con una época en la que el Imperio romano había comenzado a debilitarse. A principios del siglo IV d. C., Roma necesitaba una reforma, y un emperador, Constantino, decidió que quería cambiar de aires. Estaba harto siempre de lo mismo: el Coliseo, el Palatino, el río Tíber... ¡Basta ya! Quería irse de vacaciones. Pero para siempre. Así que trasladó toda la capital con él a Bizancio, una antigua ciudad griega situada en el estrecho del Bósforo.

—¿Solo se llamaba Bizancio la ciudad? ¿No se llamaba así todo el imperio?

—Te estás confundiendo. Bizancio referido al Imperio bizantino, así como la palabra «bizantino» y sus derivados son un neologismo. Es decir, algo así como un término nuevo que hemos elegido los que nacimos más tarde. La gente no se llamaba a sí misma «bizantina» en aquella época, ni llamaba «bizantino» o «Bizancio» a su imperio.

—¿Y cómo lo llamaban?

—Pues Roma o Imperio romano, que eso es lo que era. Al menos su continuación. Hoy en día denominamos bizantino a este periodo porque la nueva capital, Constantinopla, se fundó sobre la antigua ciudad de Bizancio. Se llamaba así porque en la Antigüedad fue erigida por un tal Bizancio de Megara. Constantino la rebautizó con el nombre de Constantinopla. Se convirtió en la capital milenaria de otra época. La era del mundo antiguo había terminado. Se cerraron las escuelas filosóficas, el oráculo de Delfos y los Juegos Olímpicos habían llegado a su fin, se destruyeron todas las estatuas que simbolizaban la fe «pagana» por considerarse irrespetuosas y porque además iban en picada.

—¿Y qué sucedió con todo el conocimiento del mundo antiguo?

—Algunas personas influyentes, amantes del espíritu de la época, rescataron textos escritos. Otros se salvaron porque ya eran muy populares. Los menos conocidos se perdieron; por desgracia, demasiados. Algunos templos antiguos sobrevivieron porque se convirtieron en iglesias. Tendrían que pasar muchos años hasta que la humanidad volviera a descubrir su antiguo patrimonio. Tan solo algunos eruditos y monjes de la época bizantina se desvivieron copiando los textos antiguos que admiraban. Poco después, tras la caída del Imperio bizantino, muchos de ellos se fueron a Europa llevando consigo sus libros. Los europeos acababan de salir de su propia Edad Media, y se encontraban listos para apreciar el mundo antiguo e inspirarse en él, lo que desembocó en el Renacimiento. Es el caso de Basilio Besarión de Trebisonda, ciudad situada en el Ponto Euxino. Este erudito y clérigo fue perseguido, así que huyó a Italia, donde estuvo a punto de convertirse en papa, lo que habría podido suceder si, en vez de griego, hubiera sido italiano. Donó su enorme colección de textos antiguos a la ciudad de Venecia, los cuales todavía hoy en día constituyen el núcleo principal de la Biblioteca Marciana de Venecia, una de las más importantes del mundo. Allí mismo se guarda también el manuscrito más antiguo que se conserva de la *Ilíada*, el códice Venetus A.

De repente se oyó un cataplum y, tras un ligero zarandeo, nos dimos cuenta de que el elevador había empezado a funcionar. Naturalmente nuestra conversación se vio interrumpida. Después de que nos sacaran de allí, les dimos las gracias a los bomberos y en pocos minutos ya estábamos a salvo fuera del edificio.

—Muchas gracias por la compañía y la conversación. Se me pasó el tiempo volando —dijo con un tono que me gustaría creer sincero.

—Gracias a ti. Seguramente yo disfruté todavía más contándote todo esto.

—Nos dio tiempo de hablar de toda la Antigüedad griega, ¿no? ¡De locos!

—¡Sí, desde luego! ¡Ni planeado! Como si nos hubiéramos puesto de acuerdo. Como si alguien hubiera calculado cuánto tiempo íbamos a estar encerrados en el elevador para que pudiéramos terminar nuestra conversación.

Ambos nos echamos a reír por tan extraña casualidad.

EPÍLOGO

Nos quedamos en la entrada del edificio, frente a la calle.

—Nunca antes me había dado cuenta de lo desconocida que me resultaba la Antigüedad. ¡No es ni tan complicada ni aburrida como yo pensaba! Me contaste muchas cosas, pero me temo que no me voy a acordar ni la mitad de la historia.

—¡Y eso que no te conté ni la mitad! No sé si podemos resumir todo lo que dijimos en unas pocas frases, pero intenta decirme algo de lo que recuerdas. Siento curiosidad.

—De acuerdo, aquí va mi resumen: la presencia humana en el planeta comenzó hace millones de años, y en su mayor parte vivíamos como unos unga unga, cazando y recolectando alimentos. Esa época se llama Paleolítico. Descubrimos el fuego, la ropa improvisada, empezamos a cuidar a los miembros de la comunidad y a crear arte. En un momento determinado se produjo una gran «revolución» y entonces aprendimos a cultivar la tierra y a criar animales, construimos casas y comenzamos a volvernos sedentarios. Esa época es el Neolítico. En Grecia duró entre el 7000 y el 3000 a. C. aproximadamente. ¿Voy bien?

—Todo correcto, pero no seas demasiado exigente ni contigo mismo ni con las fechas.

—Es que siento que tener las fechas ordenadas en mi cabeza y ver cuándo sucedió todo me ayuda a comprender el alcance de la Antigüedad. Bien, en torno al año 3000 a. C. comenzó la Edad de Bronce, que se inicia con la civilización cicládica y sus hermosas figurillas. Después vendría la famosa Creta minoica con sus espléndidos palacios y, por último, la Grecia micénica, que sustentaría la mitología. Todo esto terminó alrededor del año 1100 a. C. Se produjo un colapso y a partir de ahí entramos en la Edad Oscura desde el... ¿1200? —Se quedó un poco bloqueado, intentando recordar... Me pareció normal.

—De 1050 a. C. a 900 a. C. —puntualicé.

—¡Eso es! Luego llegaría el periodo geométrico y la recuperación en muchos aspectos. En ese momento, las colonias griegas ya salpican las costas del Mediterráneo y del mar Negro. A través del periodo orientalizante, en torno al... ¡por favor, ayúdame con las fechas!

—En torno a 700 a. C.

—¡Sí, es verdad! A partir de entonces estábamos al tanto de lo que estaba sucediendo en Oriente y nos inspiramos en ello, y a partir del 600 a. C. en adelante nos adentramos en la época arcaica, donde surgió la creación de todos los elementos que entendemos como la antigua civilización griega. La Grecia continental se divide entonces en ciudades-Estado; Esparta es la más poderosa de ellas. Las colonias griegas se extienden por todo el Mediterráneo. Ahora es cuando florecen el arte, la ciencia, la filosofía, la arquitectura, el teatro, la democracia, ¡todo a la vez! Hasta que irrumpieron los persas. En el 490 a. C. la primera guerra, en el 480 a. C. la segunda. Tras la victoria en las guerras médicas, Grecia entra en su época clásica. Atenas es ahora la que está al mando. El arte, la ciencia, la filosofía, la retórica, todo se perfecciona más todavía. A mediados de la época clásica, los griegos llevan a cabo una cruenta guerra civil, es la guerra del Peloponeso.

—Que dura del 431 al 404 a. C. para ser exactos.

—¡Bueno, no me acuerdo de tantos detalles! Pero sí recuerdo

que, tras un breve intervalo de tiempo donde Tebas asciende como estado más fuerte, un reino del norte, Macedonia, toma las riendas del poder al final de ese periodo. La época clásica termina con Alejandro Magno, que cambia el mapa del mundo.

—¡Correcto! Del 336 al 323 a. C.

—A continuación, llega el momento de los reinos helenísticos. Se trata de enormes estados luchando constantemente entre sí, hasta que una nueva superpotencia llamada Roma despierta en el Mediterráneo y derrota a los estados griegos uno a uno, hasta convertirse en la dueña de todo el Mediterráneo en el año 30 a. C.

—En el 31 a. C., para ser exactos.

—Es que el 30 es un número cerrado y me resulta más fácil.

—Ya, pero es que en el 31 se libró la batalla de Accio. ¡Qué le vamos a hacer!

—Bueno... Y el dominio romano se prolonga hasta que la capital se traslada de Roma a Constantinopla, y así termina la historia de la Antigüedad griega. ¡Uf, ya está!

—¿Y cuándo se trasladó la capital?

—Aunque me lo vuelvas a decir, se me olvidará otra vez.

—El 324 d. C.

—De todos modos, después de lo que llevamos hablado, creo que me hiciste plantearme todavía más dudas.

—No me extraña. ¡Ojalá toda una ciencia pudiera caber en una conversación de elevador! Te deseo que busques y encuentres las respuestas a tus nuevas dudas.

—Seguro que sí, ahora tengo las cosas más claras y ordenadas en mi cabeza. Me da la impresión de que a partir de ahora podré situar mejor cronológicamente cualquier tipo de información nueva. Lo que aprendí me dejó la sensación de que, a pesar de que creciera con la idea de que el antiguo pasado griego fue espléndido, es como si ahora comprendiera que no solo fue espléndido. Es como... como si fuera injusto considerarlo solo espléndido. Porque tenía muchos más matices.

—¿Qué es lo que te llamó más la atención?

—Las influencias que recibió y cómo se copió de otras culturas, pero al mismo tiempo cómo lo que copiaron lo llevaron a otros niveles hasta hacerlo despegar. También la guerra civil en medio de la época más esplendorosa, o el hecho de que hubiera tiranos locos y diferentes gobernantes con sus desvaríos, y que algunas de las personas que ahora admiramos entonces pasaron totalmente desapercibidas. ¡Ah, y la visión machista de la mitología! La situación de los esclavos. El increíble auge de la filosofía. Efectivamente, no todo es blanco o negro. Por otra parte, ¿sabes lo que pienso? Que todo lo que me contaste es tu propia visión de las cosas.

—¡Por supuesto que lo es! Y me resulta inevitable centrarme en lo que considero importante, pero no solo a mí. Es imposible eliminar el componente humano cuando abordamos el pasado de la humanidad. A cada uno de nosotros nos interesan cuestiones diferentes, mientras que cualquier otro investigador quizá se centraría en otros detalles distintos. Simplemente tuve la oportunidad de ensalzar el componente humano con toda su fascinante y compleja idiosincrasia a lo largo de la Antigüedad. Desde la princesa minoica que quizá tuvo que trasladarse a Egipto, pasando por la sacerdotisa Carpatia, que descuidó el cultivo de los campos, hasta el primer campeón olímpico de la historia en el año 776 a. C., Corebo de Élide, que además era cocinero.

—De ese no me habías hablado.

—Es que no te conté muchas cosas. Pero sí te hablé de Hipoclides, el ateniense danzarín que se puso a bailar como si no hubiera un mañana y como consecuencia se deshizo su matrimonio con la hija de Clístenes, con la que acabó casándose Megacles y que tuvieron como hijo al hombre que creó la democracia; o sobre Friné, la hetera de pueblo que se convirtió en la mismísima personificación de Afrodita; o sobre el orador Córax de Siracusa; y también del escultor Agéladas, o de Esquilo, que una vez trabajó como jornalero en los viñedos; o sobre Eurípides, que era un huraño; y también sobre Simón el zapatero, que fue el primero en poner por escrito los diálogos socráticos. Y, claro, omití muchas otras cosas. ¿Acaso cabe toda la Antigüedad en un elevador?

—Sientes debilidad por las historias de la gente de a pie, ¿verdad?

—Pero, como pudiste ver, todas esas pequeñas y curiosas historias, de pequeñas y curiosas personas, configuraron la historia. Nos impresionan los templos grandes, las exposiciones importantes de los museos, las estatuas colosales, las coronas de oro, los vasos enormes y recargados..., pero incluso el hallazgo más insignificante puede tener una historia detrás que nos pone los pelos de punta. En la antigua Ágora de Atenas, en un pozo, se encontraron tiradas varias piezas rotas de vasos inservibles. No tenían ningún valor decorativo ni artístico, pero algunas tenían grabados. Por ejemplo, una era una nota de un hombre a su vecino; rezaba: «Cuando me devuelvas la herramienta que te presté, déjala debajo de la puerta porque me fui». Otra contenía la nota de amor más antigua que se conserva. El joven Arcésimo dejó un mensaje a su amada Eumelis para que acudiera a su encuentro, pero ardía en deseos, así que parece que cuando miró el mensaje, lo que había escrito no le resultaba suficientemente convincente, y añadió entre letras la frase «*os tachos*», es decir, «lo más rápido posible».

—¡Ja, ja, ja! El joven calenturiento. ¿Y ella acudió?

—Eso no lo sabemos.

—¡Qué pena! No hemos comentado nada sobre el amor y la sexualidad.

—Sobre eso hay que hablar largo y tendido.

—¿Pero sabes lo que me resulta más raro? Que dicen que los antiguos griegos eran homosexuales, ¿es así?

—Te voy a responder utilizando la religión antigua y la mitología. Zeus era el mayor tigre que jamás haya existido. Además de las innumerables doncellas a las que había seducido valiéndose de engaños, también coqueteó con muchachos jóvenes. El más famoso de ellos fue Ganímedes. Otro ejemplo podemos encontrarlo en Apolo, quien tuvo aventuras amorosas tanto con hombres como con mujeres, o en Calisto, que era una ninfa del séquito de Artemisa a quien Zeus sedujo bajo la forma de Artemisa. Y a Calisto le gustó. Incluso Heracles, que se había enamorado de muchas mujeres, también lo hizo de sus compañeros de armas.

—¿Qué quieres decir? ¿Eran todos bisexuales?

—¿Por qué te esfuerzas en meterlo todo en el mismo saco y contemplarlo desde el punto de vista que tenemos hoy para entender el sexo, el erotismo y las identidades de género? Vivimos en una sociedad que aún arrastra los restos del puritanismo y el conservadurismo de la Edad Media y del estricto moralismo de las religiones monoteístas que hoy dominan el planeta. La sexualidad en el mundo antiguo no estaba tan polarizada ni era tan excluyente. Tampoco la heterosexualidad estaba tan a la defensiva por sentirse culpable. Piensa que la manera de entender la sexualidad va cambiando a lo largo de los siglos.

—Me llama la atención porque para reflejar una manera de entender la sexualidad tan abierta a través de los dioses a los que adoraban y en su propia religión, eso significa que era algo claramente aceptado. En cualquier caso, me hiciste pensar... En fin, ¡una cosa más que aprender del pasado! ¿Pero sabes lo que tampoco nos enseña el conocimiento del mundo antiguo? —Adoptó un tono bromista—. ¡A saber lo que quieren las mujeres!

—¡A ver cómo te las arreglas! Pues lo que quieren también los hombres. En definitiva, lo que todas las personas quieren, es decir, seguridad.

—¿Seguridad en qué?

—Pues seguridad sobre cualquier cosa que pueda asustarnos. ¿Y qué es lo que más nos asusta en lo más recóndito de nuestra alma a todos y en todas partes? ¿Desde el principio hasta el final? La muerte. Por eso surge la arqueología, para poder entender el tiempo, el espacio y el hombre. Pensamos que cuando lleguemos a comprender el tiempo y finalmente quepa en nuestro pensamiento, podremos «reducirlo» a nuestra medida, conspiraremos contra él, lograremos manipularlo y trascenderemos a la muerte.

—Lo mires por donde lo mires, al final siempre acabas en la psicología humana.

—Ya te lo dije al principio, la arqueología, el conocimiento de la Antigüedad y el descubrimiento del pasado es el patio de recreo de la percepción del hombre, de la imaginación y de la psique humana. Todas nuestras experiencias, nuestras preocupaciones y nuestras alegrías brotan de nuestro pasado. La arqueología es ante todo maravillosa, porque en parte nos resulta «terapéutica».

—Antes de despedirnos quisiera preguntarte algo. Respecto al conocimiento del pasado, personalmente, ¿con qué te quedas?

—¿Qué es lo que más me fascina? Las heteras, las prostitutas, los esclavos, los oprimidos, los extravagantes, los inadaptados... todos los que no encajaban en la sociedad en la que vivían. Y también que muchos de los pasos cruciales para la humanidad los dieron los raros, los marginados, los reaccionarios, los parias. El conocimiento del pasado del hombre constituye la mayor prueba de que la humanidad reaccionó, pero también de que impulsó el cambio. La civilización está inmersa en un cambio constante, se encuentra en un movimiento continuo. La Atenas clásica ejecutó a Sócrates, uno de los pocos filósofos que ella misma había producido y que no había sido importado de otras partes del mundo griego; quizá el filósofo más influyente de la historia de la sabiduría. Al igual que la religiosidad de la época había expulsado unos años antes a Anaxágoras, quien había luchado por vencer la superstición, o de la misma manera que nadie escuchó o tuvo en cuenta a Alcidamante.

—No me lo habías mencionado hasta ahora.

—No pude mencionar ni a muchos ni muchas cosas, porque es sencillamente imposible. Alcidamante fue quien se atrevió a decir que la esclavitud era algo malo, que todos los hombres nacen iguales y son iguales, y que, por lo tanto, nadie es de por sí libre o esclavo, sino que estas son maquinaciones humanas que van en contra de la naturaleza humana.

—Así que el pensamiento griego antiguo llegó a alcanzar ese nivel de humanidad e igualdad para todos.

—No todo. Por ejemplo, Aristóteles, a pesar de ser filósofo, no estaba de acuerdo con esta manera de pensar. Consideraba lógico que unas personas fueran esclavas de otras. ¿Te das cuenta de la polaridad? En el fermento cultural que dio origen al pensamiento de Alcidamante y de otros filósofos, el valor universal de la libertad individual y la autogestión del hombre no pudo convertirse en una práctica universal.

—¡Qué pena, Aristóteles! Pero ¿sabes también de lo que me estoy dando cuenta? Que por mucho que fuera un filósofo muy importante, también tenía sus defectos.

—¿Es que no los tenemos todos? Por eso te digo que es injusto contemplar el pasado de la humanidad como algo bueno o malo. Todos vivieron a la vez. La Atenas clásica estaba muy adelantada, pero al mismo tiempo en algunos aspectos ¡permanecía anclada al miedo! Evidentemente, la gente no acepta fácilmente a los que dudan de todo y, en caso de que insistan demasiado, se acaban convirtiendo en unos parias. Pero aquel mundo, como cualquier otro, en el que había incluso algunas mentes audaces y reflexivas, no pertenecía ni a los convencionales ni a los conservadores y ni a los conformistas. Todos ellos simplemente existen. Son un mal necesario. Cada mundo pertenece a sus hijos y a sus nietos, y concretamente solo a los que de ellos decidan caminar por las sendas trazadas por los parias. No a los hijos que seguían las enseñanzas de sus padres, sino a los que creían en los perseguidos, en los que molestaban. Y la sociedad originaría a su vez nuevos escépticos, que abrirían nuevos caminos: avenidas y caminos de los que todo el mundo sacaría partido más adelante, ¡aunque hubiera sido impensable cuando surgieron! ¿A cuántos en la historia no se les consideró raros en su época? Fíjate en Anaxarco y Pirrón, que siguieron a Alejandro Magno hasta

Asia. Pirrón observó a los magos persas y a los budistas de la India, y cuando volvió ¡fundó la escuela de filosofía escéptica! Anaxarco, por su parte, quizá fue la persona que peor habló a Alejandro Magno.

—¿Qué le dijo?

—Cuando Alejandro Magno se proclamó hijo del dios Zeus Amón, Anaxarco le señaló una herida que llevaba Alejandro y le dijo que de allí veía brotar sangre mortal. Y cuando el médico le recomendó ponerse una cataplasma, Anaxarco murmuró: «Maravilloso, ¡nuestro "dios" tiene puestas todas sus esperanzas en las cataplasmas!». De hecho, cuenta la leyenda que hizo llorar a Alejandro cuando le dijo que probablemente existieran innumerables mundos que ni siquiera conocían, y que él jamás conseguiría conquistarlos todos, ¡ni siquiera el único que conocemos!

—Eso suena un poco a física cuántica y universos paralelos.

—Sí, es hermoso ver que la imaginación y el conocimiento humanos no tienen límites. Y aún es más hermoso todavía cuando todo eso evoluciona hacia una ciencia basada en la evidencia, como ocurre hoy en día. Incluso el nombre de la Vía Láctea perdura desde la antigua Grecia.

—¿Cómo es eso?

—Cuando Heracles nació, para poderle conferir el poder divino, debía ser amamantado por Hera, la reina de los dioses. Como te puedes imaginar, Hera no quería ni oír hablar del hijo que su marido había tenido con otra mujer. Entonces Zeus envió a Hermes para que colocara al niño en el pecho de Hera mientras ella dormía y que así lo amamantara, pero Hera se despertó, se asustó y lanzó al niño lejos de ella. Las gotas de leche que cayeron en la tierra se convirtieron en lirios blancos, ¡y al salir disparada la leche por el cielo se formó la Vía Láctea! Por eso en inglés se llama *Milky Way*.

—¡Guau! Y Heracles fue perseguido desde niño.

—Y muchas cosas más que tuvo que padecer, pero al final consiguió su objetivo. Como muchos mortales que fueron perseguidos por la sociedad. ¡Como Hiparquia de Maronea! ¿Cómo olvidé nombrarla? ¡Divina!

—¿Qué hizo?

—Sus padres se trasladaron a Atenas procedentes de Maronea, ciudad situada en Tracia. Allí Hiparquia conoció a Crates, un filósofo bohemio.

—Cuando dices bohemio, ¿a qué te refieres?

—¡Un vagabundo! Crates era un filósofo cínico. Los cínicos negaban los bienes materiales. Nació en una familia muy rica de Tebas, lo dejó todo, regaló su fortuna a su ciudad y se marchó a Atenas. Allí se enamoró de Hiparquia por su inteligencia. Los padres de ella no querían ni oír hablar de esa relación. Incluso fueron a rogarle a Crates que él mismo convenciera a su hija para que se alejara de él. Entonces Crates, según la leyenda, se quitó la ropa, se quedó desnudo ante ella y le dijo: «¡Estos son todos mis bienes!». Hiparquia quedó encantada. Y vivieron felices, al parecer, al margen de las convenciones sociales, aunque fueron muy criticados. Porque la sociedad de entonces no podía aceptar a una pareja que se respetara y viviera en completa igualdad. En un momento dado se dice que Hiparquia discutió con Teodoro el Ateo, otro filósofo, y que este, furioso, le arrancó su vestido y la desnudó para humillarla. Pero Hiparquia ni se inmutó.

—¿Tan a gusto se sentía con su cuerpo?

—No se avergonzó para nada de su cuerpo, le dio igual ¡Estaba a otro nivel! Teo volteó molesto hacia ella y le dijo: «¿Quién es esta mujer que ha dejado la tela y la lanzadera?». Y ella le respondió: «¿Te parece que tomé mala elección al dedicar mi tiempo a la filosofía en vez de perderlo en el telar?». ¡Qué provocadora! Desde luego, trazó caminos que hasta entonces no se habían abierto. Por aquel entonces la situación era muy chocante, pero, sin duda, hoy nos parece fascinante. Y, si nos paramos a pensarlo, ahí encontramos la venganza divina: que los descendientes de los que persiguieron a los que lo cuestionaban todo finalmente acabaron por respetarlos. En algún lugar lejano, dondequiera que sea, quizá las almas de Sócrates y de sus descendientes puedan estar tranquilas, pues fueron los hijos de los más convencionales quienes al fin ensalzaron los logros de todos los que fueron a contracorriente. De hecho, el mundo es de los niños, ya lo dijo Heráclito.

—¿Heráclito de Éfeso, el filósofo «oscuro», el que dijo barbaridades sobre Homero e incluso aquello de que se merecía una cachetada?

—Ese mismo. Heráclito pasó los últimos años de su vida solo, alejado de la gente, hablando exclusivamente con los niños pequeños que jugaban en el patio del templo de Artemisa en Éfeso. En ese templo depositó el único libro que había escrito. Personalmente, opto por creer que en ese libro Heráclito se había acercado más a la realidad verdadera que cualquier otra mente humana. Heráclito murió solo, lejos de la gente que le rehuía y de quien él rehuía. Por desgracia, de su libro tan solo se conservan algunas frases. Una de ellas rezaba así: «El tiempo es un niño que juega. De un niño es el reino».

Me dio las gracias. Nos intercambiamos los números de teléfono, nuestras redes sociales y nos despedimos. Cuando dobló la esquina, me di cuenta de que no le había preguntado a qué se dedicaba. ¿Habría monopolizado la conversación yo solo? Hice un gesto para parar un taxi que venía de lejos. Subí y le pedí al taxista que me llevara al Museo Arqueológico. Unos minutos después nos encontrábamos parados entre decenas de coches. Incluso los pitidos habían dejado ya de sonar. Los vehículos, atrapados hasta donde alcanzaba la vista, obligaron a los conductores a asumir el destino del retraso. Durante unos minutos solo se oía la música que salía de la radio del taxi.

—Debe tratarse de alguna manifestación —dijo el taxista con desgana.

—No importa.

—Me parece que tenemos para rato...

—No tengo prisa.

—¿Vas al museo de turismo?

—No, soy arqueólogo.

—¡Ah, qué bonita es la arqueología! Tenemos una historia maravillosa. Y qué sabios eran nuestros antepasados. No como nosotros.

—Bueno, no eran ni mucho menos sabios en todo, más bien eran gente sencilla.

—¿Qué quieres decir? ¿No fueron importantes Leónidas, Aquiles o Aristóteles? ¿Todos esos antiguos? Una pena que no los estudiara en condiciones, porque no sé mucho de ellos.

—No es difícil para nadie conocer el pasado.

—Eso es lo que tú crees, es fácil para ti que lo estudiaste. Que nos lo digan a los demás...

—Te lo puedo contar de una forma sencilla. Desde luego tiempo tenemos...

Αἰὼν παῖς ἐστι παίζων πεσσεύων·
παιδὸς ἡ βασιληίη.

El tiempo es un niño que juega a los dados:
de un niño es el reino.

CUADRO CRONOLÓGICO

HACE 3.5 MILLONES DE AÑOS

PALEOLÍTICO: el hombre salió de la naturaleza, caminó sobre dos piernas, fabricó herramientas y encendió el fuego. ¡Comienza el viaje!

MESOLÍTICO: algo empieza a cambiar.

7000 A.C.

NEOLÍTICO: el hombre siembra plantas, trasquila y ordeña a los animales, construye casas.

3000 A.C.

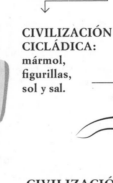

CIVILIZACIÓN CICLÁDICA: mármol, figurillas, sol y sal.

CIVILIZACIÓN MINOICA: palacios, riqueza y lujo. Lineal A.

CIVILIZACIÓN MICÉNICA: guerra, palacios y sustento para los mitos. Lineal B.

1050 A.C.   EDAD OSCURA: sufrimiento y recuperación en varios aspectos.

900 A.C.

PERIODO GEOMÉTRICO: comienza el periodo histórico. Vuelve la escritura. Mejoría y desarrollo.

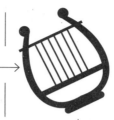

700 A.C.

ÉPOCA ARCAICA: arte, filosofía, teatro… En resumen: la civilización resplandece.

490–480 A.C.

LAS GUERRAS MÉDICAS: un ataque frustrado.

ÉPOCA CLÁSICA: el apogeo de la civilización y la mayor guerra civil.

336–323 A.C.

Alejandro Magno sale a dar un paseo y funda un imperio.

ÉPOCA HELENÍSTICA: surgen muchos reinos y hay muchas peleas.

31 A.C.

Roma es la dueña del mundo. Se enamora de Grecia.

Fundación de Constantinopla. El mundo antiguo llega a su fin.

324 D.C.